神の福音

長老教会引退牧師 聖書の旅

森 和亮

目次

本書で使用した聖書は『新改訳聖書第三版』（２０１８年2月まで）、
『新改訳２０１７』（２０１８年3月以降）です。

第一部　マルコの福音書を読む

「福音のはじめ」1章1～8節

1神の子イエス・キリストの福音のはじめ。2預言者イザヤの書にこう書いてある。「見よ。
わたしは使いをあなたの前に遣わし、あなたの道を整えさせよう。3荒野で叫ぶ者の声がす
る。『主の道を用意し、主の通られる道をまっすぐにせよ。』」そのとおりに、4バプテスマ
のヨハネが荒野に現れて、罪の赦しのための悔い改めのバプテスマを宣べ伝えた。5そこで
ユダヤ全国の人々とエルサレムの全住民が彼のところへ行き、自分の罪を告白して、ヨル
ダン川で彼からバプテスマを受けていた。6ヨハネは、らくだの毛で織った物を着て、腰に
皮の帯を締め、いなごと野蜜を食べていた。7彼は宣べ伝えて言った。「私よりもさらに力
のある方が、あとからおいでになります。私には、かがんでその方のくつのひもを解く値
うちもありません。8私はあなたがたに水でバプテスマを授けましたが、その方は、あなた
がたに聖霊のバプテスマをお授けになります。」

マルコの福音書は「神の子イエス・キリストの福音のはじめ」という書き出しで始まる。この書の表題でもあり、ここに著者マルコの信仰告白が込められている。イエスがキリストであり、神の子であるとの信仰が、この表題で表明されている。

この書にはほかにも真ん中と終わりの部分に二人の人物の口から出た信仰告白が記されている。「ペテロが答えてイエスに言った。『あなたは、キリストです。』」（8章29節）

「百人隊長は…『この方はまことに神の子であった』と言った。」（15章39節）
著者が「福音のはじめ」と言って書き出した意味としては、二つの可能性がある。
・2～13節の序論的部分をさす。14節「イエスは…神の福音を宣べて」以下が本論
・この書全体が「神の子イエスの福音」であり、その最初を示す語
「福音」は「神の子イエス・キリスト」が中心でありすべてであることを冒頭から読者たちに印象づける書き方をしている。使徒パウロが「福音とは」と言ってキリストを主語とする簡潔な文章を連ねるしかたで表明したのを思い出させてくれる（ローマ人への手紙1章）。マルコの福音書の文体の特徴も「簡潔さ」である。それはマルコを「私の子」（ペテロの手紙第一5章13節）と呼んでマルコに最も大きな影響を与えた使徒ペテロの文体の特徴でもあり（ペテロの手紙第一5章12節参照）、ペテロとマルコの両者の性格に共通する神からの賜物であったと言えるのかもしれない。

この福音書の序論的部分である2～13節の冒頭である今日の箇所（2～8節）でマルコは「バプテスマのヨハネ」（4節）を登場させた。それは他の福音書記者たち、マタイ、ルカ、ヨハネ、共通して選んだ手法だったが、イエスを人々に紹介することにおいて、それほど見事にシンプルに集中できた人物だったと言えよう。

またそれは、この簡潔な福音書の著者マルコとその背後にあって働いたペテロにも共通する神の恵みとしての資質であり、私たちも受け継がれるべきものと言える。

バプテスマのヨハネの証し（2～8節）

聖書に書かれているしもべの生き方を選んだ。

「荒野で叫ぶ者」となった。らくだの毛で織った物を着て、腰に皮の帯を締め、いなごと野蜜を食べていた。

『主の道を用意し、主の通られる道をまっすぐにせよ』との預言のとおりに生きた。

「罪の赦しのための悔い改めのバプテスマ」を宣べ伝えた。

「私よりさらに力のある方」を紹介した。

「その方のくつのひもを解く値うちもありません」。

「その方は、あなたがたに聖霊のバプテスマをお授けになります」。

2016年7月24日

「御霊がイエスの上に」1章9～13節

9そのころ、イエスはガリラヤのナザレから来られ、ヨルダン川で、ヨハネからバプテスマをお受けになった。10そして、水の中から上がられると、すぐそのとき、天が裂けて御霊が鳩のように自分の上に下られるのを、ご覧になった。11そして天から声がした。「あなたは、わたしの愛する子、わたしはあなたを喜ぶ。」12そしてすぐ、御霊はイエスを荒野に追いやられた。13イエスは四十日間荒野にいて、サタンの誘惑を受けられた。野の獣とともにおられたが、御使いたちがイエスに仕えていた。

マルコの福音書は「神の子イエス・キリストの福音のはじめ」と冒頭の1章1節に表題が掲げられて始まる。その福音の記述がいよいよ始まるのは1章14節からと言えるとするなら、今日読み終えた13節までは序論ともいうべき準備的な箇所。先週読んだ8節までは、イエス・キリストの福音宣教の道備えをしたバプテスマのヨハネのことが書かれていて、ヨハネの「前触れ」のことばが紹介されていた。

今日の箇所は、いよいよイエスが登場して、福音宣教のお働きを開始される前にどのような準備の時を過ごされたか、イエスは何をなさり、イエスご自身の上にどんな準備が神から与えられたかが、簡潔に描かれている。三つのことがなされた。

(1)バプテスマ（洗礼）をお受けになった。

「そのころ、イエスはガリラヤのナザレから来られ、ヨルダン川で、ヨハネからバプテスマをお受けになった」（9節）。

(2)御霊がイエスの上に下られ、天から神のお声がかけられた。

「そして、水の中から上がられると、すぐそのとき、天が裂けて御霊が鳩のように自分の上に下られるのを、ご覧になった。そして天から声がした。『あなたは、わたしの愛する子、わたしはあなたを喜ぶ』」（10〜11節）。

(3)サタンの誘惑を受けられた。

「そしてすぐ、御霊はイエスを荒野に追いやられた。イエスは四十日間荒野にいて、サタンの誘惑を受けられた。野の獣とともにおられたが、御使いたちがイエスに仕えていた」（12〜13節）。

マルコがこの簡潔な記事で言いたかったのは、一つ一つが聖霊のお導きだったということ、イエスご自身がこうして「聖霊のバプテスマ」を受けられたということ。

(1)の洗礼の記事も、イエスが受け身でなく、積極的に、ご自分からすすんで受けられたことであったことがわかるように書かれている。マタイの福音書には、イエスと洗礼を授けることとなったヨハネとの間のやり取りが紹介されている（マタイの福音書3章14〜15節）。イエスご自身、そうすることが「正しいこと」すなわち主のみこころであり、「ふさわしい」ことと確信して受けられたことがわかる。

(2)洗礼を受けられたイエスに御霊が下られた。水でバプテスマを受けられたがそれが「聖霊のバプテスマ」となった。

(3)サタンの誘惑に会われたのも、驚くべきことに、それ自体が御霊に導かれたことであり、イエスの福音宣教のために必要なご計画であり、準備であった。「その方は、あなたがたに聖霊のバプテスマをお授けになります」とヨハネが言ったイエスご自身が、聖霊のバプテスマを受けられ、私たちにも授けてくださる。

2016年7月31日

「神の国は近い」 1章14〜20節

14 ヨハネが捕らえられて後、イエスはガリラヤに行き、神の福音を宣べて言われた。15「時が満ち、神の国は近くなった。悔い改めて福音を信じなさい。」[16]ガリラヤ湖のほとりを通られると、シモンとシモンの兄弟アンデレが湖で網を打っているのをご覧になった。彼らは漁師であった。[17]イエスは彼らに言われた。「わたしについて来なさい。人間をとる漁師にしてあげよう。」[18]すると、すぐに、彼らは網を捨て置いて従った。[19]また少し行かれると、ゼベダイの子ヤコブとその兄弟ヨハネをご覧になった。彼らも舟の中で網を繕っていた。[20]すぐに、イエスがお呼びになった。すると彼らは父ゼベダイを雇い人たちといっしょに舟に残して、イエスについて行った。

「イエスの宣教開始」の様子が、マルコの簡潔な文章によって描かれ始める。イエスの宣教がどのような時に開始されたか、どのような言葉でなされたか、どのような特徴ある行動を伴ったか、がまず描かれる。

(1)「ヨハネが捕らえられて後」(14)が宣教開始の時となった。

イエスの先駆者として、人々の目をイエスに向けさせる働きに専念したヨハネが捕らえられたのは、普通に考えれば、幸先の悪い、出鼻が挫かれるような、前途の危ぶまれるような、出来事であったが、イエスにとっては、「時が来た」として、ご自分のなすべきことに向かって大きく一歩を踏み出す出発点となった。すべてイエスに従う者たちにとって「時を読む」ことへの励ましがここにある。使徒パウロが「あなたがたは、今がどのような時か知っているのですから」(ローマ人への手紙13章11節以下)と言ったことも、大きなヒントを与えてくれる。

(2)「時が満ち、神の国は近くなった。悔い改めて福音を信じなさい」(15)。

このメッセージに、私たちは何度でも立ち返る必要がある。ここに原点がある。本当に時を知っておられるのは、時を創り、時を支配しておられるお方ご自身。イエスが「時が来た」と言われ、「今がその時だ」と言われるなら、私たちは素直に、そのままにそのおことばを受け入れるほかない。「悔い改める」とはこの「時を知る方」を自分の主として、この方に立ち返ることであり、「福音を信じる」とは、「時が満ち、神の国は近い」とのよい知らせを信じることである。

(3)ガリラヤ湖のほとりを通られ弟子となる者たちをリクルートされた(16〜20)。

福音のメッセージを宣言された後、まずなさったのは、弟子を作ることだった。ガリラヤ湖はエリートが集まる都会ではなく、素朴な人たちの平凡な日常生活の場であった。イエスは「シモンとシモンの兄弟アンデレ」(16)、「ゼベダイの子ヤコブとその兄弟ヨハネ」(19)を「ご覧になった」。後に民の指導者たちはシモン(ペテロ)とヨハネを見、「またふたりが無学な、普通の人であるのを知って驚いた」(使徒の働き4章13節)が、イエスはこのふたりとそれぞれの兄弟とに真っ先に目を留められたのであった。「彼らは漁師であった」(16)とマルコは殊更に彼らを紹介した。さらにイエスの彼らにかけられたおことば、彼らの反応も書き記してくれた。「イエスは彼らに言われた。『わたしについて来なさい。人間をとる漁師にしてあげよう』。すると、すぐに、彼らは…従った」(17〜18)。「すぐに、イエスがお呼びになった。すると彼らは…イエスについて行った」(20)。パウロも、「この世の取るに足りない者や見下されている者を、神は選ばれました」（コリント人への手紙第一1章28節）と証言した。

2016年8月7日

「イエスの教えに驚く」1章21〜28節

21それから、一行はカペナウムに入った。そしてすぐに、イエスは安息日に会堂に入って教えられた。22人々は、その教えに驚いた。それはイエスが、律法学者たちのようにではなく、権威ある者のように教えられたからである。23すると、すぐにまた、その会堂に汚れた霊につかれた人がいて、叫んで言った。24「ナザレの人イエス。いったい私たちに何をしようというのです。あなたは私たちを滅ぼしに来たのでしょう。私はあなたがどなたか知っています。神の聖者です。」25イエスは彼をしかって、「黙れ。この人から出て行け」と言われた。26すると、その汚れた霊はその人をひきつけさせ、大声をあげて、その人から出て行った。27人々はみな驚いて、互いに論じ合って言った。「これはどうだ。権威のある、新しい教えではないか。汚れた霊をさえ戒められる。すると従うのだ。」28こうして、イエスの評判は、すぐに、ガリラヤ全地の至る所に広まった。

イエスは当時の人々が安息日ごとに祈るために集まり、律法学者が聖書を朗読し、解釈するのを知っておられた。その同じ会堂を最初の伝道の場として選ばれた。今まで律法学者たちから学んでいた人々は、イエスの教えがあまりに違うので、驚いた。

(1)イエスは「律法学者たちのようにではなく」教えられた。

律法学者は、過去の教師たちの教えを引用するなどして、従来の解釈から一歩も出ない保守的な態度を固持することによって、自分の解釈の正当性を主張するために、説明に終始する教え方をしていた。博学であることを立証することに努力を集中していた。イエスの教えはそれとは違い、先入観から独立した、シンプルで平易な、だれにでも喜んで従うことのできる、励ましと希望を与える教えであった。

(2)イエスは「権威ある者のように」教えられた。

律法学者たちの教えは、聞く者たちを感心させることはあっても、行動を引き出すことはなかった。頭の中に入って行くことはあっても、自己満足の世界から新しい決断の一歩を踏み出させることはなかった。イエスの教えは、それに対して自分の過去と決別し、殻を破って、新しい世界へと呼び出されるような、圧倒的な、力強いものだった。「山上の説教」(マタイの福音書5～7章)を初めて聞いた群衆の味わった驚きも、同じものであった(同7章28～29節)。

(3)イエスの教えは「新しい教え」であった。

カペナウムの会堂で教えられたイエスが、その会堂にいた汚れた霊につかれた人が叫び出したとき、その人を叱り、悪霊に命じてその人から出て行かせることをなさったのを目撃して、人々は一層驚き「これはどうだ。権威のある、新しい教えではないか。汚れた霊をさえ戒められる。すると従うのだ」（27）と言った。
イエスの教えが単なる言葉の教えではなく、そこに霊の力が働くことに人々は気づき、「新しい教え」と呼んで賛嘆しないではいられなかった。それは、従来この世にはなかった新しい教えだったのである。バプテスマのヨハネが言っていたことばが思い出される。「私よりもさらに力のある方が、あとからおいでになります。私には、かがんでその方のくつのひもを解く値うちもありません。私はあなたがたに水でバプテスマを授けましたが、その方は、あなたがたに聖霊のバプテスマをお授けになります」（7〜8節）。キリストが来られたのと同時に、「新しい教え」が始まった。私たちは当時の人々と同じように、驚きをもってこれを迎えているだろうか。

２０１６年8月14日

「イエスはその手を取って」1章29〜34節

29 イエスは会堂を出るとすぐに、ヤコブとヨハネを連れて、シモンとアンデレの家に入られた。30 ところが、シモンのしゅうとめが熱病で床に着いていたので、人々はさっそく彼女のことをイエスに知らせた。31 イエスは、彼女に近寄り、その手を取って起こされた。すると熱がひき、彼女は彼らをもてなした。32 夕方になった。日が沈むと、人々は病人や悪霊につかれた人をみな、イエスのもとに連れて来た。33 こうして町中の者が戸口に集まって来た。[34]イエスは、さまざまの病気にかかっている多くの人をいやし、また多くの悪霊を追い出された。そして悪霊どもがものを言うのをお許しにならなかった。彼らがイエスをよく知っていたからである。

イエスがシモン（ペテロ）のしゅうとめが熱病にかかっていたのを癒やされた記事（29～31節）はマタイ（8章14～15節）、ルカ（4章38～39節）の両福音書にもあり、一見小さいようでも人々の印象に残る大きな出来事であったことがわかる。

(1)人々は「さっそく」(30)行動した。

「人々はさっそく彼女のことをイエスに知らせた」（マルコ）

「人々は彼女のためにイエスにお願いした」（ルカ）

イエスは求めに応じてすぐ動いてくださる方。「あなたがたのものにならないのは、あなたがたが願わないからです」（ヤコブの手紙4章2節）。

(2)イエスはその「手を取って」(31)彼女を起こされた。

「イエスは、彼女に近寄り、その手を取って起こされた」（マルコ）

「イエスが手にさわられると、熱がひき」（マタイ）

「イエスがその枕もとに来て、熱をしかりつけられると、熱がひき」（ルカ）

イエスは「おりにかなった助け」をくださる方。「ですから、私たちは、あわれみを受け、また恵みをいただいて、おりにかなった助けを受けるために、大胆に恵みの御座に近づこうでははありませんか」（ヘブル人への手紙4章16節）。
(3)彼女はすぐに人々を「もてなした」(31)。
「彼女は彼らをもてなした」（マルコ脚注「彼らに仕えた」）
「彼女は起きてイエスをもてなした」（マタイ）
「彼女はすぐに立ち上がって彼らをもてなし始めた」（ルカ）
イエスは私たちをもとに返して下さるだけでなく、新しく神と人とに仕える心と力を授けて下さる方。「神よ。私たちをもとに返し、御顔を照り輝かせてください。そうすれば、私たちは救われます」（詩篇80篇3・7・19節）。32～34節は、シモンのしゅうとめと同じように、イエスの助けを必要としており、待ちのぞんでおり、実際に助けを受けた人のいかに多かったかを、物語っている。

２０１６年８月28日

「イエスは朝早く」1章35～39節

[35]さて、イエスは、朝早くまだ暗いうちに起きて、寂しい所へ出て行き、そこで祈ってお
られた。[36]シモンとその仲間は、イエスを追って来て、[37]彼を見つけ、「みんながあなたを
捜しております」と言った。[38]イエスは彼らに言われた。「さあ、近くの別の村里へ行こう。
そこにも福音を知らせよう。わたしは、そのために出て来たのだから。」[39]こうしてイエス

は、ガリラヤ全地にわたり、その会堂に行って、福音を告げ知らせ、悪霊を追い出された。

イエスは朝早く祈られたことによって、私たちに次の三つのことを教えられた。

(1)日常に祈りを持ち込むこと

「イエスは、朝早くまだ暗いうちに起きて、寂しい所へ出て行き、そこで祈っておられた。シモンとその仲間は、イエスを追って来て、彼を見つけ、」(35〜37)。

シモン(ペテロ)を始め、弟子たちにはイエスのそのような行動が驚きでもあり、深く記録に残したようである。ルカも同様に4章42節に記録している。祈りはふだんの生活とは別の、宗教的行事であるかのように、受け取りがち。だがイエスは、祈ることを、実は一日の中でいわば最優先事としておられた。

(2)天上と地上をつなぐこと

イエスは後に、「こう祈りなさい。『天にいます私たちの父よ。…』」と教えられた(マタイの福音書6章9節)。

天上の父である神に心を向け、口を開くのは、地上に生かされている人としては実は最も基本的なことだったのではなかろうか。「みこころが天で行われるように地でも行われますように」(同10節)と祈ることをもイエスは教えられた。地上を歩まれるイエスご自身にとっても、その祈りこそが最重要事であった。

(3)祈りから外に出て行くこと

「シモンとその仲間は、イエスを追って来て、彼を見つけ、『みんながあなたを捜しております』と言った」(36〜37)。

天の父に祈っておられたイエスにとって、弟子たちの振舞いは邪魔が入ったことになるのではないだろうか。ところが読者はもう一度驚くことになる。「イエスは彼らに言われた。『さあ、近くの別の村里へ行こう。そこにも福音を知らせよう。わたしは、そのために出て来たのだから』。こうしてイエスは、ガリラヤ全地にわたり、その会堂に行って、福音を告げ知らせ、悪霊を追い出された」(38〜39)。

イエスにとって、祈りは「誰からも邪魔されてはならない神聖な宗教行事」というようなものではなかった。「わたしはそのために出て来たのだから」と言われたように、自分が何のためにここにおり、何をなすのが父のみこころであるかをむしろいつも祈りによって確認なさりながら、「福音を知らせる」とのご自分の使命に従って行動されたのであった。ヤコブの手紙の「自分は宗教に熱心であると思っても、」「父なる神の御前できよく汚れのない宗教」が何であるかを見失うな、との警告(1章26〜27節)は私たちに不可欠である。

２０１６年9月4日

「きよくなれ」 1章40〜45節

40 さて、ツァラアトに冒された人がイエスのみもとにお願いに来て、ひざまずいて言った。

「お心一つで、私をきよくしていただけます。」41イエスは深くあわれみ、手を伸ばして、彼にさわって言われた。「わたしの心だ。きよくなれ。」42すると、すぐに、そのツァラアトが消えて、その人はきよくなった。43そこでイエスは、彼をきびしく戒めて、すぐに彼を立ち去らせた。44そのとき彼にこう言われた。「気をつけて、だれにも何も言わないようにしなさい。ただ行って、自分を祭司に見せなさい。そして、人々へのあかしのために、モーセが命じた物をもって、あなたのきよめの供え物をしなさい。」45ところが、彼は出て行って、この出来事をふれ回り、言い広め始めた。そのためイエスは表立って町の中に入ることができず、町のはずれの寂しい所におられた。しかし、人々は、あらゆる所からイエスのもとにやって来た。


ひとりの病人がイエスのもとに来て、いやしを願い求めた。

「ツァラアトに冒された人がイエスのみもとにお願いに来て、ひざまずいて言った。『お心一つで、私をきよくしていただけます』」(40)

この人には、勇気、謙遜、信仰、の三つのすぐれた点が認められる。
①勇気　ツァラアトという病気は、聖書の別訳では「らい病」「重い皮膚病」とも訳されていて、特別の病気だったことがわかる。この病気にかかっている人は人前に出てはならないとされていた。感染を防ぐためである。だがこの人は非難を恐れず、人々の見ている所で、イエスの前に進み出た。

②謙遜　「ひざまずいて」。人に嫌われる病気にかかっている自分の卑しい姿をありのままに認めて、へりくだった態度を取った。同時にイエスの御姿のうちに威厳を認めて、尊敬の心を表さないではいられなかった。

③信仰　この方は自分の病気を治す力をお持ちであることを、直感的に信じることができた。同時に、この方にはことを決する権威がおありで、自分の病気を治していただけるかどうかは、この方の「お心一つ」である、と信じた。

イエスはこの人の願いに、即座に応じられた(41)。

(1)「深くあわれみ」

「神は、ご自分の大きなあわれみのゆえに、イエス・キリストが死者の中からよみがえられたことによって、私たちを新しく生まれさせて、生ける望みを持つようにしてくださいました」(ペテロの手紙第一1章3節)。

すべて神のあわれみから出たことであり、イエスは私たちひとりひとりに、私たちがどんな者であろうとも、あわれみの心をもって接してくださる。

(2)「手を伸ばして、彼にさわって」

この病人の病気は「手を触れてはならない」病気とされていた。だがイエスは、それを人から嫌われ恐れられている病気であり病人であっても、むしろ進んで手を伸べ、手を触れることをしてくださった。「医者を必要とするのは丈夫な者ではなく、病人です」(2章17節)。イエスは自分を医者として紹介された。

(3)「言われた。『わたしの心だ。きよくなれ。』」
果たして今、この自分を、神は、イエスは、顧みて特別のみわざをなしてくださるお心なのだろうか。人はそれを知りたい。それを疑ってしまう。それを信じきれないでいる。だがそんな私たちに、イエスはきっぱりと宣言してくださる。『わたしの心だ。きよくなれ。』と。「すると、すぐに、そのツァラアトが消えて、その人はきよくなった」(42)。

２０１６年９月11日

「あなたの罪は赦された」２章１～12節

1 数日たって、イエスがカペナウムにまた来られると、家におられることが知れ渡った。2
それで多くの人が集まったため、戸口のところまですきまもないほどになった。この人た
ちに、イエスはみことばを話しておられた。3 そのとき、ひとりの中風の人が四人の人に
かつがれて、みもとに連れて来られた。4 群衆のためにイエスに近づくことができなかっ
たので、その人々はイエスのおられるあたりの屋根をはがし、穴をあけて、中風の人を寝
かせたままその床をつり降ろした。5 イエスは彼らの信仰を見て、中風の人に、「子よ。あ
なたの罪は赦されました」6 と言われた。ところが、その場に律法学者が数人すわってい
て、心の中で理屈を言った。7「この人は、なぜ、あんなことを言うのか。神をけがしてい
るのだ。神おひとりのほか、だれが罪を赦すことができよう。」8 彼らが心の中でこのよう

に理屈を言っているのを、イエスはすぐにご自分の霊で見抜いて、こう言われた。「なぜ、
あなたがたは心の中でそんな理屈を言っているのか。9 中風の人に、『あなたの罪は赦され
た』と言うのと、『起きて、寝床をたたんで歩け』と言うのと、どちらがやさしいか。10 人
の子が地上で罪を赦す権威を持っていることを、あなたがたに知らせるために。」こう言っ
てから、中風の人に、11「あなたに言う。起きなさい。寝床をたたんで、家に帰りなさい」
と言われた。12 すると彼は起き上がり、すぐに床を取り上げて、みなの見ている前を出て
行った。それでみなの者がすっかり驚いて、「こういうことは、かつて見たことがない」と
言って神をあがめた。

イエスが中風の人をいやされた出来事は大きな反響を呼んだ。

(1)みなの者の反応

「みなの者がすっかり驚いて、『こういうことは、かつて見たことがない』と言って神をあがめた」(12)。

人々の反応は主として目の前で起こった驚くべき出来事そのものに心奪われたようである。「罪の赦し」への自覚はもう一つだったかもしれない。だが「神をあがめた」とあるように、素朴な信仰心が働いたのも見逃せない。

(2)律法学者の反応

「この人は、なぜあんなことを言うのか。神をけがしているのだ。神おひとりのほか、だれが罪

を赦すことができよう」（7）。

学者たちの反応はイエスのお言葉に集中していた。それも「心の中で理屈を言った」（6）とある。「なぜ、心の中で悪いことを考えているのか」（マタイの福音書9章4節）と、イエスはとがめられた。心の中で理屈を言うことが、人間の性癖のようである（伝道者の書7章29節）。

(3) 弟子たちの反応

「子よ。あなたの罪は赦されました」（5）。

「子よ。しっかりしなさい。あなたの罪は赦された」（マタイの福音書9章2節）。

「友よ。あなたの罪は赦されました」（ルカの福音書5章20節）。

マルコだけでなく、マタイもルカもこの出来事をそれぞれ福音書の記事にし、イエスのおことばを強調する書き方をした。この人がいやされたときに、イエスが「罪の赦し」をはっきり口にされたことが弟子たちに強い印象を残した。イエスの来られた目的に気づかされたにちがいない。

「わたしは正しい人を招くためではなく、罪人を招くために来たのです（マタイの福音書9章13節）。

ここで、中風の人自身の立場に身を置いて、考えてみよう。

① 「そのとき、ひとりの中風の人が四人の人にかつがれて、みもとに連れて来られた」（3）。自分では何らなすところがなかったが、自分の身をゆだねた。

② 「その人々はイエスのおられるあたりの屋根をはがし、穴をあけて、中風の人を寝かせたままその床をつり降ろした」（4）。四人はあきらめなかった。

③ 「イエスは彼らの信仰を見て、中風の人に…言われた」（5）。彼自身と四人の友人のうちに、

イエスはご自身への信仰を認めてくださった。
この記事は、これを読む私たちひとりひとりをイエスへの信仰へと励ましている。

2016年9月18日

「罪人を招くために来た」2章13～17節

13
イエスはまた湖のほとりに出て行かれた。すると群衆がみな、みもとにやって来たので、彼らに教えられた。
14
イエスは、道を通りながら、アルパヨの子レビが収税所にすわっているのをご覧になって、「わたしについて来なさい」と言われた。すると彼は立ち上がって従った。
15
それから、イエスは、彼の家で食卓に着かれた。取税人や罪人たちも大ぜい、イエスや弟子たちといっしょに食卓に着いていた。こういう人たちが大ぜいいて、イエスに従っていたのである。
16
パリサイ派の律法学者たちは、イエスが罪人や取税人たちといっしょに食事をしておられるのを見て、イエスの弟子たちにこう言った。「なぜ、あの人は取税人や罪人たちといっしょに食事をするのですか。」
17
イエスはこれを聞いて、彼らにこう言われた。「医者を必要とするのは丈夫な者ではなく、病人です。わたしは正しい人を招くためではなく、罪人を招くために来たのです。」

ここにはひとりの人のイエスとの出会いが描かれている。

マルコはこの人を「アルパヨの子レビ」（14）と紹介したが、マルコだけでなくルカも「レビという取税人」（5章27節）、マタイも「マタイという人」（9章9節）と、それぞれの福音書の中で紹介している。三者が共通してこの人が「収税所にすわって」いたことを言い、ルカは「取税人」だったと言い切っている。「マタイという人」とマタイが言ったのは取税人である自分をマタイという一人の「人」としてイエスがまっすぐに見てくださったと言いたかったからである。このレビが、後にマタイと呼ばれ、イエスの十二弟子の一人となったのである。この記事には三つの顕著な特徴がある。

(1)レビの召命（14）

①「イエスは、道を通りながら」

イエスは終始はっきりしたご目的をお持ちで、すべて「ながら」になさった。

②「レビが収税所にすわっているのをご覧になって」

レビの職業も、現状も、心にある渇望も、すべてありのままにご覧になった。

③「『わたしについて来なさい』と言われた」

レビが生活の安定の中にあっても待っていた一言を、ストレートに言われた。

(2)レビの応答（14～15）

①「すると彼は立ち上がって従った」

なんという、ストレートな決断！

②「それから、イエスは、彼の家で食卓に着かれた」
イエスはレビの家でひとときを過ごすことをよしとされた。（ヨハネの黙示録3章20節）
③「取税人や罪人たちも大ぜい、…いっしょに食卓に着いていた」
マタイ自身の記事には「見よ。」とある。感動がそこにあった。ルカによると「そこでレビは、自分の家でイエスのために大ぶるまいをしたが…」とある。実はこの食事はレビ自身の発案、また提案であり、自分の仲間を招待もした。
(3)対照的な反応（15〜17）
①「こういう人たちが大ぜいいて、イエスに従っていたのである」
レビ自身も含めて取税人や罪人たちが大ぜいいて、イエスに出会って喜んだ。
②「なぜ、あの人は取税人や罪人たちといっしょに食事をするのですか」
パリサイ派の律法学者たちは、こう言ってイエスを批判し、非難した。だが、イエスはそれに答えるようにして、ご自身の計画を、そして福音そのものを明らかにされた。「わたしは…罪人を招くために来たのです」と。

２０１６年9月25日

「新しいぶどう酒は新しい皮袋に」2章18〜22節

18 ヨハネの弟子たちとパリサイ人たちは断食していた。そして、イエスのもとに来て言っ

た。「ヨハネの弟子たちやパリサイ人の弟子たちは断食するのに、あなたの弟子たちはなぜ
断食しないのですか。」[19]イエスは彼らに言われた。「花婿が自分たちといっしょにいる間、
花婿につき添う友だちが断食できるでしょうか。花婿といっしょにいる時は、断食できな
いのです。[20]しかし、花婿が彼らから取り去られる時が来ます。その日には断食します。[21]
だれも、真新しい布切れで古い着物の継ぎをするようなことはしません。そんなことをす
れば、新しい継ぎ切れは古い着物を引き裂き、破れはもっとひどくなります。[22]また、だ
れも新しいぶどう酒を古い皮袋に入れるようなことはしません。そんなことをすれば、ぶ
どう酒は皮袋を張り裂き、ぶどう酒も皮袋もだめになってしまいます。新しいぶどう酒は
新しい皮袋に入れるのです。」

イエスはここでもある人々から批判されることになった。そして、ここでも、イエスはていねいに批判のことばに答えられた。

(1)固定観念を持った人たちの存在（18）

ここでイエスに批判的な質問をしたのは固定観念を持った人々だった。それはヨハネの弟子たちとパリサイ人の両方に存在した。こういう人がいかに多いかを物語っている。私たちにとっても「他人事」ではないのかもしれない。「あなたの弟子たちは…」という批判は、主イエスご自身に向けられていた。この世でよく聞かれる「クリスチャンは…」という批判もこれと同じ。クリスチャンの中にさえ、同種の疑問や批判が生まれたりする。誰であれ、固定観念に捉われること

は起こりうる。ここでは断食のことが問題にされた。

(2)固定観念を持つ人々の盲点（19〜20）

固定観念に捉われている人々には一つの盲点があり、それをイエスは気づかせようとされた。「断食は何のためにするのか」が、この人々には忘れられてしまっていた。「断食」すること自体に意味があり、断食をしてさえいれば自分は宗教的で敬虔なのだ、と思い込むという、実はそれこそが「固定観念」となっていた。ルカの福音書18章にはその典型のような人が登場している(12)。「断食するときには…」とイエスは断食を否定するのではなく、かえって積極的に教えていた（マタイの福音書6章16〜18節）。何事にも目的があり、目的にかなった時というものがあることを、気づく必要があった。

(3)固定観念を持つ人々へのメッセージ（21〜22）

固定観念に捉われている人々にも、イエスは二つのたとえを用いられて教えられた。着物に継ぎをするときのたとえと、新しいぶどう酒を保管するときのたとえ。

「だれも、真新しい布切れで古い着物の継ぎをするようなことはしません」、「だれも新しいぶどう酒を古い皮袋に入れるようなことはしません」。そんなことをすれば「破れはもっとひどくなります」、「ぶどう酒も皮袋もだめになってしまいます」。この二つは一見難解のようで、実はシンプルな教えである。あなたがたの固定観念を捨てて、「古い着物」のままでいないで「新しい着物」を着、あなたがた自身が「古い皮袋」のままでいないで「新しい皮袋」となりなさい。

２０１６年10月2日

「安息日は人間のため」2章23〜28節

23ある安息日のこと、イエスは麦畑の中を通って行かれた。すると、弟子たちが道々穂を
摘み始めた。24すると、パリサイ人たちがイエスに言った。「ご覧なさい。なぜ彼らは、安
息日なのに、してはならないことをするのですか。」25イエスは彼らに言われた。「ダビデ
とその連れの者たちが、食物がなくてひもじかったとき、ダビデが何をしたか、読まなか
ったのですか。26アビヤタルが大祭司のころ、ダビデは神の家に入って、祭司以外の者が
食べてはならない供えのパンを、自分も食べ、またともにいた者たちにも与えたではあり
ませんか。」27また言われた。「安息日は人間のために設けられたのです。人間が安息日の
ために造られたのではありません。28人の子は安息日にも主です。」

ここでもパリサイ人たちは、イエスに抗議した。「ご覧なさい。なぜ彼らは、安息日なのに、してはならないことをするのですか」(24)。弟子たちのしたことというのは「道々(麦畑の)穂を摘み始めた」(23)こと。パリサイ人たちは、これが律法に反することとして、イエスに抗議したのであった。

イエスのなさった彼らに対する反論は、

(1)あなたがたの抗議は、聖書をよく読んでいないことから来るものである。「ダビデとその連れの者たちが、食物がなくてひもじかったとき、ダビデが何をしたか、読まなかったのですか。アビ

ヤタルが大祭司のころ、ダビデは神の家に入って、祭司以外の者が食べてはならない供えのパンを、自分も食べ、またともにいた者たちにも与えたではありませんか」(25〜26)。あなたがたの尊敬するダビデは、ふだんなら許されていない「供えのパン」を食べることも許される場合のあることを知っていて、それを祭司に求め、祭司もそれを提供したことがあったではないか。このことが聖書に書かれているのは、それが神のみこころにかなうことだったからである。聖書をよく読みなさい、そして、神の人間に対するあわれみをよくわきまえなさい、と。

(2)あなたがたの抗議が、安息日だから、という点にあるなら、安息日そのものが人間のためにあることを忘れてはいけない。「安息日は人間のために設けられたのです。人間が安息日のために造られたのではありません」(27)。事実、パリサイ人たちは、安息日についての細かな規定を定めて、人を縛り、苦しめるようなことをしていた。別の場面で、イエスが、パリサイ人たちに厳しいおことばを向けられたことがあった。

「イエスは彼らに言われた。『イザヤはあなたがた偽善者について預言をして、こう書いているのが、まさにそのとおりです。「この民は、口先ではわたしを敬うが、その心は、わたしから遠く離れている。彼らが、わたしを拝んでも、むだなことである。人間の教えを、教えとして教えるだけだから。」あなたがたは、神の戒めを捨てて、人間の言い伝えを堅く守っている』」(7章6〜8節)。

(3)あなたがたの抗議は、わたしを主と認めていない(主と認めようとしない)心から来ている。イエスがここで最後に言われた「人の子は安息日にも主です」(28)との一言は重大な発言であり、神の御子としての権威ある宣言である。人間としての通念や常識や固定観念からイエスを裁いたり、品定めするようなことはやめて「私は主である」と言われるこの方の前にへりくだって出ることが求められている。

2016年10月9日

「心のかたくななのを嘆きながら」3章1～6節

1イエスはまた会堂に入られた。そこに片手のなえた人がいた。2彼らは、イエスが安息日にその人を直すかどうか、じっと見ていた。イエスを訴えるためであった。3イエスは手のなえたその人に「立って真ん中に出なさい」と言われた。4それから彼らに、「安息日にしてよいのは、善を行うことなのか、それとも悪を行うことなのか。いのちを救うことなのか、それとも殺すことなのか」と言われた。彼らは黙っていた。5イエスは怒って彼らを見回し、その心のかたくななのを嘆きながら、その人に、「手を伸ばしなさい」と言われた。彼は手を伸ばした。するとその手が元どおりになった。6そこでパリサイ人たちは出て行って、すぐにヘロデ党の者たちといっしょになって、イエスをどのようにして葬り去ろうかと相談を始めた。

ここを読むと、イエスがある人々の心のかたくななのを嘆きながら、一つのことをなさったことがわかる。「ある人々」、と言ったのは、3章がすぐ前の記事の続きで書かれていて、2節に「彼ら」と呼ばれている人たちは、2章の最後の段落で、イエスを批判し、抗議していた「パリサイ人たち（24節）のことである。その同じ「彼ら」が3章初めのこの箇所にも登場している。それでその「パリサイ人たち」が「彼ら」と呼ばれている。ここでもパリサイ人たちが、イエスに敵対する者たちの先頭に立っている。いつも彼らが、イエスの抵抗勢力の代表である。その彼らに取り囲まれながら、そして彼らの「心のかたくななのを嘆きながら」イエスが一つの「良いこと」をなさったというのが、この記事の中心であり、私たちの注目すべき点である。次の三点を注意しよう。

(1)彼らの心のかたくなさ

①自分たちの律法理解の正しさからすべての人を裁くことをしていた。

「イエスが安息日にその（片手のなえた）人を直すか、どうか、じっと見ていた」

②イエスに対する見方や判断を心に決めてしまっていた。

「イエスを訴えるためであった」(2)。

③自分のあやまちを認めず、心を変えようとしなかった。

「彼らは黙っていた」(4)。

(2)イエスの嘆きの理由

①彼らが誤った律法理解に立って、すべての人を裁くことをしていること。

②安息日の律法が「人間のために設けられた」（2章27節）ことを忘れ、目の前の「片手のなえた人」（1）を見てもあわれみの心を向けようとしないこと。
③イエスご自身に対する態度も変えようとしないこと。

(3)イエスはどうされたか

①パリサイ人たちの心のかたくななのを嘆きながらも、目の前の助けを必要としている「その人」をあわれみ、いやされた。
「その人に、『手を伸ばしなさい』と言われた。彼は手を伸ばした。するとその手が元どおりになった」（5）。
②その心のかたくななのを嘆くと同時に怒りの目を彼らに向けられた。
「イエスは怒って彼らを見回し」（5）。
③その嘆きを受けとめ、そのお心に従うよう、私たちにも語りかけておられる。
参考「義人ロト」（ペテロの手紙第二2章7節）

２０１６年10月20日

「イエスと十二人の弟子」3章7～19節

7 それから、イエスは弟子たちとともに湖のほうに退かれた。すると、ガリラヤから出て来た大ぜいの人々がついて行った。また、ユダヤから、8 エルサレムから、イドマヤから、

ヨルダンの川向こうやツロ、シドンあたりから、大ぜいの人々が、イエスの行っておられ
ることを聞いて、みもとにやって来た。9イエスは、大ぜいの人なので、押し寄せて来な
いよう、ご自分のために小舟を用意しておくように弟子たちに言いつけられた。10それは、
多くの人をいやされたので、病気に悩む人たちがみな、イエスにさわろうとして、みもと
に押しかけて来たからである。11また、汚れた霊どもが、イエスを見ると、みもとにひれ
伏し、「あなたこそ神の子です」と叫ぶのであった。12イエスは、ご自身のことを知らせな
いようにと、きびしく彼らを戒められた。13さて、イエスは山に登り、ご自身のお望みに
なる者たちを呼び寄せられたので、彼らはみもとに来た。14そこでイエスは十二弟子を任
命された。それは、彼らを身近に置き、また彼らを遣わして福音を宣べさせ、15悪霊を追
い出す権威を持たせるためであった。16こうして、イエスは十二弟子を任命された。そし
て、シモンにはペテロという名をつけ、17ゼベダイの子ヤコブとヤコブの兄弟ヨハネ、こ
のふたりにはボアネルゲ、すなわち、雷の子という名をつけられた。18次に、アンデレ、ピ
リポ、バルトロマイ、マタイ、トマス、アルパヨの子ヤコブ、タダイ、熱心党員シモン、19
イスカリオテ・ユダ。このユダが、イエスを裏切ったのである。

今日の箇所ではイエスのところから派遣されて出て行った弟子たちが、その前にイエスご自身から正式に「弟子」としての任命を受けて十二人が一つのグループとしてはっきりとした姿を見せるようになった経過と、彼らの派遣の様子が明らかにされている。

Ⅰ十二人が弟子として任命された背景（7〜12）

(1)群衆の存在（7〜10）

「ガリラヤから…エルサレムから、イドマヤから、ヨルダンの川向こうやツロ、シドンあたりから、大ぜいの人々が…みもとにやって来た。」（7〜8）

この大ぜいの人々を助けるために、使命を自覚した弟子たちが主から送り出されていく必要があった（9〜10、マタイの福音書9章35〜38節参照）。

(2)悪霊の存在（11〜12）

「汚れた霊どもが、イエスを見ると、みもとにひれ伏し、『あなたこそ神の子です』と叫ぶのであった。イエスは、ご自身のことを知らせないようにと、きびしく彼らを戒められた。」

イエスは悪霊の存在と妨害を知っておられ、正しく神の子に目を開かれて悪霊に立ち向かうことのできる弟子たちを必要とされた。（マタイの福音書6章13節、ヤコブの手紙4章7節）

Ⅱ十二弟子の任命（13〜19）

イエスによる任命

(1)イエスご自身が祈りをもって弟子たちを選ばれた。

「イエスは山に登り、ご自身のお望みになる者たちを呼び寄せられた」（13）

（ルカの福音書6章22節、ヨハネの福音書15章16節参照）

(2)イエスご自身が一人一人を任命された。

「そこでイエスは十二弟子を任命された。」（14）

「シモンにはペテロという名をつけ、ゼベダイの子ヤコブとヤコブの兄弟ヨハネ、次にアンデレ、ピリポ、バルトロマイ、マタイ、トマス、アルパヨの子ヤコブ、タダイ、熱心党員シモン、イスカリオテ・ユダ…」(16～19)
(3)弟子たちの任務を明らかにされた
(a)「彼らを身近に置き」(14)
(b)「彼らを遣わして福音を宣べさせ」(14)
(c)「悪霊を追い出す権威を持たせる」(15)

2016年11月11日

「聖霊に満ちたイエス」3章20～30節

[20]イエスが家に戻られると、また大ぜいの人が集まって来たので、みなは食事する暇もなかった。[21]イエスの身内の者たちが聞いて、イエスを連れ戻しに出て来た。「気が狂ったのだ」と言う人たちがいたからである。[22]また、エルサレムから下って来た律法学者たちも、「彼は、ベルゼブルに取りつかれている」と言い、「悪霊どものかしらによって、悪霊どもを追い出しているのだ」とも言った。[23]そこでイエスは彼らをそばに呼んで、たとえによって話された。「サタンがどうしてサタンを追い出せましょう。[24]もし国が内部で分裂したら、その国は立ち行きません。[25]また、家が内輪もめをしたら、家は立ち行きません。[26]

サタンも、もし内輪の争いが起こって分裂していれば、立ち行くことができないで滅びます。[27]確かに、強い人の家に押し入って家財を略奪するには、まずその強い人を縛り上げなければなりません。そのあとでその家を略奪できるのです。[28]まことに、あなたがたに告げます。人はその犯すどんな罪も赦していただけます。また、神をけがすことを言っても、それはみな赦していただけます。[29]しかし、聖霊をけがす者はだれでも、永遠に赦されず、とこしえの罪に定められます。」[30]このように言われたのは、彼らが、「イエスは、汚れた霊につかれている」と言っていたからである。

「イエスが家に戻られると」(20)

「家」というのは恐らくはペテロの家のことで、カペナウムではここを宣教の拠点のようにされていたのではないか。2章1～12節の「中風の人のいやし」も同じ家で起こったと思われる。ここに戻られてのこと。「また大ぜいの人が集まって来た」が、このとき思わぬ出来事が起こった。イエスはこの機会をとらえて、今日の私たちにもかかわる大事なことを教えられた。

(1)家族の無理解(21)

家族や身内の者たちが「イエスを連れ戻しに出て来た」。「(イエスは)『気が狂ったのだ』と言う人たちがいたからである」と、その理由が明かされる。

私たちも往々にして起こる「家族の無理解」に、イエスも出会われたのである。31節以下にも、それは繰り返された。そこへ入るように招かれていながら、神の国を未だ知らない人たちにとっては、家族であってもこの世の生活習慣や考え方が基準となっていて、そこへ飛び込むことに抵抗感がある。イエスのご熱心が非常識とさえ思える。

(2)学者たちの非難（22）

「エルサレムから下って来た律法学者たちも、『彼は、ベルゼブルに取りつかれている』と言い、…」。真理の道に従おうとするときに、必ず「足を引っ張る」者がいるものである。学者たちは偉そうな物言いで、人を惑わす傾向がある。「悪霊どものかしらによって、悪霊どもを追い出しているのだ」というのは、イエスが悪霊を追い出すことをしているのを誹謗するねたみから出た詭弁に過ぎないが、実は、霊の世界への無知を告白したようなものである。私たちは学者たちの空疎な意見を見抜く必要がある。

(3)イエスのご態度（23～30）

このような無理解や非難に出会われたときイエスはどういう態度を取られたか。

(a)「彼らをそばに呼んで」（23）。

イエスは反対者たちを退けるのでなく、いつも却って近づかれ、心を開き、親身に話しかけることをなさった。ここにも「聖霊に満ちた」（ルカの福音書4章1・14・18節）イエスのお姿が見える。

(b)「たとえによって話された」（23）。

どんなときにも「教える」ことをされた。聞く者がわかるように語られた。「聞く耳のある者は聞きなさい」（4章9、23節）。

(c)「まことに、あなたがたに告げます」(28～30)。
警告を与えられた。「聖霊をけがす者は赦されない」。だれであれ、このお言葉は厳粛に受けとめる必要がある。言い換えれば、「聖霊を尊敬しなさい」。すなわち、聖霊を受けること、聖霊に満たされること、聖霊によって歩むことが、私たちに望まれている。２０１６年11月27日

「『わたしの兄弟』とは」3章31～35節

31 さて、イエスの母と兄弟たちが来て、外に立っていて、人をやり、イエスを呼ばせた。32 大ぜいの人がイエスを囲んですわっていたが、「ご覧なさい。あなたのお母さんと兄弟たちが、外であなたをたずねています」と言った。33 すると、イエスは彼らに答えて言われた。「わたしの母とはだれのことですか。また、兄弟たちとはだれのことですか。」34 そして、自分の回りにすわっている人たちを見回して言われた。「ご覧なさい。わたしの母、わたしの兄弟たちです。35 神のみこころを行う人はだれでも、わたしの兄弟、姉妹、また母なのです。」

イエスも一家庭人として、ご家族とどんな関係を持っておられたか、今日の箇所からうかがい知ることができる。家族とのあり方について、私たちも教えられる。

(1)母と兄弟たちがたずねて来てイエスを呼ばせた

「さて、イエスの母と兄弟たちが来て、外に立っていて、人をやり、イエスを呼ばせた。大ぜいの人がイエスを囲んですわっていたが、『ご覧なさい。あなたのお母さんと兄弟たちが、外であなたをたずねています』と言った」(31～32)。

家庭を出て、神の国の福音宣教に明け暮れているイエスに、ご家族がいささか当惑しておられた様子がわかる。そこには一種の緊張があったとさえ言える。

(2)イエスは「わたしの母、わたしの兄弟とはだれのことか」と反問された

「すると、イエスは彼らに答えて言われた。『わたしの母とはだれのことですか。また、兄弟たちとはだれのことですか。』」(33)

ふしぎなことをイエスは言い出された。意外なおことばだが、それを聞いた者に、イエスが何か大事なことを言おうとしていると予感させたに違いない。

(3)「神のみこころを行う人」がわたしの母、わたしの兄弟なのだ、と言われた

「そして、自分の周りにすわっている人たちを見回して言われた。『ご覧なさい。わたしの母、わたしの兄弟たちです。』」(34) さらに言われた。「『神のみこころを行う人はだれでも、わたしの兄弟、姉妹、また母なのです。』」(35)

イエスは周りにいた人たちに、聞いていたすべての人たちに、そしてご家族にも、三つのことを問いかけられ、教えようとされた。

①肉親の絆が最優先なのか？

②肉親の絆を問い直す必要がありはしないか？
③肉親の絆にまさるものがあるのではないか？
イエスはこの問いに対する答えをもっている者として、「自分の周りにすわっている人たち」に、いつくしみの目を向けておられた。かつてイエスが、みもとに来た群衆と弟子たちに向かって、「口を開き、彼らに教えて、言われた」（マタイの福音書5章2節）その第一声も思い出される。「心の貧しい者は幸いです。天の御国はその人たちのものだから」（同3節）。イエスは彼らを「わたしの兄弟たち」と見て、語りかけられたのである。
イエスが実際に弟子たちのことを「わたしの兄弟たち」と呼ばれた実例も、マタイの福音書28章10節、ヨハネの福音書20章17節に見ることができる。

２０１６年12月4日

「聞く耳のある者は」4章1～20節

1イエスはまた湖のほとりで教え始められた。おびただしい数の群衆がみもとに集まった。
それでイエスは湖の上の舟に乗り、そこに腰をおろされ、群衆はみな岸べの陸地にいた。2
イエスはたとえによって多くのことを教えられた。その教えの中でこう言われた。3「よく
聞きなさい。種を蒔く人が種蒔きに出かけた。4蒔いているとき、種が道ばたに落ちた。す
ると、鳥が来て食べてしまった。5また、別の種が土の薄い岩地に落ちた。土が深くなか

ったので、すぐに芽を出した。6しかし日が上ると、焼けて、根がないために枯れてしま
った。7また、別の種がいばらの中に落ちた。ところが、いばらが伸びて、それをふさい
でしまったので、実を結ばなかった。8また、別の種が良い地に落ちた。すると芽ばえ、育
って、実を結び、三十倍、六十倍、百倍になった。」9そしてイエスは言われた。「聞く耳
のある者は聞きなさい。」10さて、イエスだけになったとき、いつもつき従っている人たち
が、十二弟子とともに、これらのたとえのことを尋ねた。11そこで、イエスは言われた。「あ
なたがたには、神の国の奥義が知らされているが、ほかの人たちには、すべてがたとえで
言われるのです。12それは、『彼らは確かに見るには見るがわからず、聞くには聞くが悟ら
ず、悔い改めて赦されることのないため』です。」13そして彼らにこう言われた。「このた
とえがわからないのですか。そんなことで、いったいどうしてたとえの理解ができましょ
う。14種蒔く人は、みことばを蒔くのです。15みことばが道ばたに蒔かれるとは、こうい
う人たちのことです――みことばを聞くと、すぐにサタンが来て、彼らに蒔かれたみこと
ばを持ち去ってしまうのです。16同じように、岩地に蒔かれるとは、こういう人たちのこ
とです――みことばを聞くと、すぐに喜んで受けるが、17根を張らないで、ただしばらく
続くだけです。それで、みことばのために困難や迫害が起こると、すぐにつまずいてしま
います。18もう一つの、いばらの中に種を蒔かれるとは、こういう人たちのことです――
みことばを聞いてはいるが、19世の心づかいや、富の惑わし、その他いろいろな欲望が入
り込んで、みことばをふさぐので、実を結びません。20良い地に蒔かれるとは、みことば

を聞いて受け入れ、三十倍、六十倍、百倍の実を結ぶ人たちです。」

マルコの福音書4章には、イエスの話された多くのたとえが収められている。その中でも、最初の「種蒔きのたとえ」はたとえ話の中の有名なたとえで、ほかのたとえの理解のカギとなるたとえ話とさえ言える。「このたとえがわからないのですか。そんなことで、いったいどうしてたとえの理解ができましょう」(13)と、イエスが言っておられた。

(1)種蒔きのたとえ(1〜9)

蒔かれた種が四種類の土地の上に落ちた。

①道ばた(4)

↓「鳥が来て食べてしまった」

②土の薄い岩地(5〜6)

↓「すぐに芽を出した。しかし日が上ると、焼けて、根がないために枯れてしまった」

③いばらの中(7)

↓「いばらが伸びて、それをふさいでしまったので、実を結ばなかった」

④良い地(8)

↓「芽ばえ、育って、実を結び、三十倍、六十倍、百倍になった」

(2)たとえで話された理由(10〜12)

「あなたがたには、神の国の奥義が知らされているが、ほかの人たちには、すべてがたとえで言われるのです」

(3)種蒔きのたとえの説明（13～20）

「種蒔く人は、みことばを蒔くのです。みことばが道ばたに蒔かれるとは、こういう人たちのことです―みことばを聞くと、すぐにサタンが来て、彼らに蒔かれたみことばを持ち去ってしまうのです」

「岩地に蒔かれるとは、こういう人たちのことです―みことばを聞くと、すぐに喜んで受けるが、根を張らないで、ただしばらく続くだけです。それで、みことばのために困難や迫害が起こると、すぐにつまずいてしまいます。」

「いばらの中に種を蒔かれるとは、こういう人たちのことです―みことばを聞いてはいるが、世の心づかいや、富の惑わし、その他いろいろな欲望が入り込んで、みことばをふさぐので、実を結びません」

「良い地に蒔かれるとは、みことばを聞いて受け入れ、三十倍、六十倍、百倍の実を結ぶ人たちです」

結論的メッセージ　イエスのおことば「聞く耳のある者は聞きなさい」（9）。

２０１７年1月1日

「信仰は聞くことから」4章21～25節

21また言われた。「あかりを持って来るのは、枡の下や寝台の下に置くためでしょうか。燭台の上に置くためではありませんか。22隠れているのは、必ず現れるためであり、おおい隠されているのは、明らかにされるためです。23聞く耳のある者は聞きなさい。」24また彼らに言われた。「聞いていることによく注意しなさい。あなたがたは、人に量ってあげるその量りで、自分にも量り与えられ、さらにその上に増し加えられます。25持っている人は、さらに与えられ、持たない人は、持っているものまでも取り上げられてしまいます。」

今日の箇所でも、イエスは引き続きたとえを用いて話された。神の国の奥義がこうして明らかにされて行ったが、たとえを理解するには「聞く力」が必要である。

「イエスは、このように多くのたとえで、彼らの聞く力に応じて、みことばを話された」（33）。「聞く耳のある者は聞きなさい」（9、23）

イエスのたとえを聞くことによって、聞く耳が養われ、聞く力がつくとも言える。

(1)「あかりを持って来る」目的は？

この問いは「燭台の上に置くため」とすぐ答えられている。マタイの福音書では「そうすれば、家にいる人々全部を照らします」と続き、「このように、あなたがたの光を人々の前で輝かせ、人々があなたがたの良い行いを見て、天におられるあなたがたの父をあがめるようにしなさい」というイエスの勧めで結ばれる（マタイの福音書5章15〜16節）。

(2)「あかりを持って来る」のは誰？

このたとえではだれがとは言われずに、目的が先に問われており、私たちがどこへ置くために持って来るのかという話のように見えるが、実はイエスがあかりを持って来られ、それを受け取った私たちがそれをどこに置くかという話のように思われる。とすると、どこに置くかはイエスのご期待、ご計画、ご目的となる。マタイの福音書5章の「あなたがたの光」もイエスが下さった光のことであると言える。

(3)「あかり」とは何なのか？

ではそもそも「あかり」とは、「光」とは何なのか。「福音の光」とも言えるが福音を聞くことで生まれる「信仰」のことをイエスは言われたのではないか。「隠れているのは、必ず現れるためであり、おおい隠されているのは、明らかにされるためです（22）」にもつながる。

ローマ人への手紙10章は、信仰は心の中に生じ口で告白される、と教えている（9〜10節）。そして「信仰は聞くことから始まり、聞くことは、キリストについてのみことばによるのです」（17節）とも明言されている。それゆえ「聞いていることによく注意しなさい」（24）とイエスは言われる。

24節後半〜25節は「信仰の量り」を大きくして、積極的に、またいつまでも、イエスに聞くことを続けること、信仰を自分の心のうちにしまっているのではなく、人のために生かし用いることへのイエスの勧めのおことばである。詩篇1篇2〜3節に約束されている祝福「その人は、何をしても栄える」にもつながる。

2017年1月8日

「福音の種は育つ」4章26～34節

26また言われた。「神の国は、人が地に種を蒔くようなもので、27夜は寝て、朝は起き、そ
うこうしているうちに、種は芽を出して育ちます。どのようにしてか、人は知りません。28
地は人手によらず実をならせるもので、初めに苗、次に穂、次に穂の中に実が入ります。29
実が熟すると、人はすぐにかまを入れます。収穫の時が来たからです。」30また言われた。
「神の国は、どのようなものと言えばよいでしょう。何にたとえたらよいでしょう。31それ
はからし種のようなものです。地に蒔かれるときには、地に蒔かれる種の中で、一番小さ
いのですが、32それが蒔かれると、生長してどんな野菜よりも大きくなり、大きな枝を張
り、その陰に空の鳥が巣を作れるほどになります。」33イエスは、このように多くのたとえ
で、彼らの聞く力に応じて、みことばを話された。34たとえによらないで話されることは
なかった。ただ、ご自分の弟子たちにだけは、すべてのことを説き明かされた。

一連のたとえ話の最後に来る二つは、種が育って収穫に至る話と、小さな種からの大きな生長の話、共に神の国を、イエスがたとえで教えられたものである。

両者を合わせて三つのポイントが見いだせる。

(1)土地には種を育てる力がある。

「地は人手によらず実をならせるもので、初めに苗、次に穂、次に穂の中に実が入ります」(28)。先の「種を蒔く人のたとえ」で、イエスは「種を蒔く人は、みことばを蒔くのです」(14)と言われ、「良い地に蒔かれるとは、みことばを聞いて受け入れ、三十倍、六十倍、百倍の実を結ぶ人たちです」(20)と、解き明かされた。みことば(福音)を聞いて、それを自分のうちで育てるのだ、と。人間にはそれだけの可能性が与えられていると知るべきである。「人手によらず」とは、何らかの特別な方策や努力がなくても、の意。カギとなるのは、「良い地」であるかどうかである。「良い地」であるなら、必ず実は結ぶ。

(2)種には大きく育つ力がある。

「それはからし種のようなもの…地に蒔かれるときには、地に蒔かれる種の中で、一番小さいのですが、それが蒔かれると、生長してどんな野菜よりも大きくなり、大きな枝を張り、その陰に空の鳥が巣を作れるほどになります」(31〜32)。

「三十倍、六十倍、百倍の実を結ぶ」とイエスは言われた。「一粒の麦がもし地に落ちて死ななければ、それは一つのままです。しかし、もし死ねば、豊かな実を結びます」(ヨハネの福音書12章24節)とも言われた。「死ねば」とは、良い地に落ちれば、すなわち人が受け入れれば、の意である。福音の種そのものに、それだけの力がある。そのことを信じるべきである。

(3)神には種を育てるお力がある。

「神の国は、人が地に種を蒔くようなもので、夜は寝て、朝は起き、そうこうしているうちに、種は芽を出して育ちます。どのようにしてか、人は知りません」(26〜27)。

「私が植えて、アポロが水を注ぎました。しかし、成長させたのは神です。それで、たいせつなのは、植える者でも水を注ぐ者でもありません。成長させてくださる神なのです。…私たちは神の協力者であり、あなたがたは神の畑、神の建物です」(コリント人への手紙第一3章6〜7・9節)と、使徒パウロが言った。

２０１7年1月15日

「突風が起こっても」4章35〜41節

[35]さて、その日のこと、夕方になって、イエスは弟子たちに、「さあ、向こう岸へ渡ろう」
と言われた。[36]そこで弟子たちは、群衆をあとに残し、舟に乗っておられるままで、イエ
スをお連れした。他の舟もイエスについて行った。[37]すると、激しい突風が起こり、舟は
波をかぶって、水でいっぱいになった。[38]ところがイエスだけは、とものほうで、枕をし
て眠っておられた。弟子たちはイエスを起こして言った。「先生。私たちがおぼれて死にそ
うでも、何とも思われないのですか。」[39]イエスは起き上がって、風をしかりつけ、湖に
「黙れ、静まれ」と言われた。すると風はやみ、大なぎになった。[40]イエスは彼らに言われ
た。「どうしてそんなにこわがるのです。信仰がないのは、どうしたことです。」[41]彼らは

大きな恐怖に包まれて、互いに言った。「風や湖までが言うことをきくとは、いったいこの方はどういう方なのだろう。」

ガリラヤ湖では地形的に突然の嵐が起こりやすいと言われる。この湖を生活の場としていたペテロとアンデレ、ヤコブとヨハネたちにさえ、この日の突風は死の恐怖を覚えさせるほどに、強烈なものであった。

「夕方になって、イエスは弟子たちに『さあ、向こう岸へ渡ろう』と言われた。そこで弟子たちは、群衆をあとに残し、舟に乗っておられるままで、イエスをお連れした。…すると、激しい突風が起こり、舟は波をかぶって、水でいっぱいになった」(35〜37)。

マルコは、この場面で読者に三つのことを印象に残すようなしかたで書いている。

(1)イエスは眠っておられた。

「ところがイエスだけは、とものほうで、枕をして眠っておられた。」(38)

突風が起こるという現象は、想定外の出来事がしばしば起こる地上の人生を象徴しているように思える。弟子たちはうろたえたが「イエスだけは」違った。それは飼い葉おけに眠るお姿でこの地上に来られたイエスと重なって見えるお姿。

①疲れ切るほどに働き、②主の御手にすべてをゆだね、③みこころを成し遂げられたイエス。弟子たちは言った。「いったいこの方はどういう方なのだろう」(41)。

(2)イエスは風と波を静められた。

「弟子たちはイエスを起こして言った。『先生。私たちがおぼれて死にそうでも、何とも思われないのですか。』イエスは起き上がって、風をしかりつけ、湖に『黙れ、静まれ』と言われた。すると風はやみ、大なぎになった。」（38～39）

恐怖心のとりことなり取り乱した弟子たちが、非難めいた口調で助けを求めたとき、イエスは即座に応じて風と波を静められた。

聖書は「おりにかなった助けを受けるために、大胆に」「偉大な大祭司である神の子イエス」に近づくように（ヘブル人への手紙4章14～16節）、「何も思い煩わないで、あらゆる場合に…祈りと願いによって」求めるように（ピリピ人への手紙4章6～7節）と教えている。

(3)イエスは弟子たちに信仰を求められた。

「イエスは彼らに言われた。『どうしてそんなにこわがるのです。信仰がないのは、どうしたことです。』」（40）〈「なぜ怖がるのか。まだ信じないのか」（新共同訳）〉

イエスは弟子たちを咎めるよりも、彼らに信仰がないのをふしぎに思われた。単純な信仰を神に対して持つように求められた。

「恐れるな」も聖書の中心メッセージ。「恐れる」のが「信じる」ことの対極。

２０１７年1月29日

「福音を言い広める」５章１～20節

1こうして彼らは湖の向こう岸、ゲラサ人の地に着いた。2イエスが舟から上がられると、
すぐに、汚れた霊につかれた人が墓場から出て来て、イエスを迎えた。3この人は墓場に
住みついており、もはやだれも、鎖をもってしても、彼をつないでおくことができなかっ
た。4彼はたびたび足かせや鎖でつながれたが、鎖を引きちぎり、足かせも砕いてしまっ
たからで、だれにも彼を押さえるだけの力がなかったのである。5それで彼は、夜昼とな
く、墓場や山で叫び続け、石で自分のからだを傷つけていた。6彼はイエスを遠くから見
つけ、駆け寄って来てイエスを拝し、7大声で叫んで言った。「いと高き神の子、イエスさ
ま。いったい私に何をしようというのですか。神の御名によってお願いします。どうか私
を苦しめないで下さい。」8それは、イエスが、「汚れた霊よ。この人から出て行け」と言
われたからである。9それで、「おまえの名は何か」とお尋ねになると、「私の名はレギオ
ンです。私たちは大ぜいですから」と言った。10そして、自分たちをこの地方から追い出
さないでくださいと懇願した。11ところで、そこの山腹に、豚の大群が飼ってあった。12
彼らはイエスに願って言った。「私たちを豚の中に送って、彼らに乗り移らせてください。」13
イエスがそれを許されたので、汚れた霊どもは出て行って、豚に乗り移った。すると、二
千匹ほどの豚の群れが、険しいがけを駆け降り、湖へなだれ落ちて、湖におぼれてしまっ
た。14豚を飼っていた者たちは逃げ出して、町や村々でこの事を告げ知らせた。人々は何

事が起こったのかと見にやって来た。[15]そして、イエスのところに来て、悪霊につかれていた人、すなわちレギオンを宿していた人が、着物を着て、正気に返ってすわっているのを見て、恐ろしくなった。[16]見ていた人たちが、悪霊につかれていた人に起こったことや、豚のことを、つぶさに彼らに話して聞かせた。[17]すると、彼らはイエスに、この地方から離れてくださるよう願った。[18]それでイエスが舟に乗ろうとされると、悪霊につかれていた人が、お供をしたいとイエスに願った。[19]しかし、お許しにならないで、彼にこう言われた。「あなたの家、あなたの家族のところに帰り、主があなたに、どんなに大きなことをしてくださったか、どんなにあわれんでくださったかを、知らせなさい。」[20]そこで、彼は立ち去り、イエスが自分にどんなに大きなことをしてくださったかを、デカポリスの地方で言い広め始めた。人々はみな驚いた。

ガリラヤ湖の向こう岸で、イエスが悪霊につかれた人をいやされた出来事。この出来事も、三つの福音書に記事として書き残されている。
マタイ8章28～34節
マルコ5章1～20節（うち18～20節は「お供をしたい」と願った記事）
ルカ8章26～39節（うち38～39節は「お供をしたい」と願った記事）
簡潔さを特徴としているマルコの福音書が比較的に詳しい書き方をしている。
三つの記事に共通して強調されている点は、

⑴悪霊（汚れた霊）につかれた人の悲惨な様子とイエスに対する人一倍の反応。

「この人は墓場に住みついており、もはやだれも、鎖をもってしても、彼をつないでおくことができなかった。彼はたびたび足かせや鎖でつながれたが、鎖を引きちぎり、足かせも砕いてしまったからで、だれにも彼を押さえるだけの力がなかったのである。それで彼は、夜昼となく、墓場や山で叫び続け、石で自分のからだを傷つけていた」（3～5）。しかし、舟から上がられたイエスを真っ先に出迎えたのはこの人だった（2）。「彼はイエスを遠くから見つけ、駆け寄って来てイエスを拝し、…」（6）。

⑵イエスが悪霊どもに命じて、飼われていた豚の大群に乗り移らせなさった。

読者からすると不思議な会話が、イエスとこの人との間に交わされ（7～12）、「イエスがそれを許されたので、汚れた霊どもは出て行って、豚に乗り移った。すると、二千匹ほどの豚の群れが、険しいがけを駆け降り、湖へなだれ落ちて、湖におぼれてしまった」（13）。イエスの伝道の最初から、イエスが悪霊をさえ戒められ従わせる方であることが、人々を驚かせ続けていた（1章27節参照）。

⑶豚の群れが湖になだれ落ちておぼれ死んだことと、悪霊につかれていた人が正気に返ったことに人々は恐れをいだき、イエスを遠ざけようとした。

町や村々から人々がやって来、「悪霊につかれていた人…が着物を着て、正気に返ってすわっているのを見」、また、「見ていた人たちが、悪霊につかれていた人に起こったことや、豚のことを、つぶさに彼らに話して聞かせた」（15～16）とき、「彼らはイエスに、この地方から離れてくださるよう願った」(17)。

そして、特にマルコがこの記事の結末として最も強調して描いた点は、(4)「お供をしたい」(18)と願い出たこの人に、イエスが「あなたの家、あなたの家族のところに帰り」(19)福音を言い広めるようにとお命じになったこと。

「主があなたに、どんなに大きなことをしてくださったか、どんなにあわれんでくださったかを、知らせなさい」と。彼はその通りに「言い広め始めた」(20)。

2017年2月5日

「少女よ、起きなさい」5章21〜24・35〜43節

21イエスが舟でまた向こう岸へ渡られると、大ぜいの人の群れがみもとに集まった。イエスは岸べにとどまっておられた。22すると、会堂管理者のひとりでヤイロという者が来て、イエスを見て、その足もとにひれ伏し、23いっしょうけんめい願ってこう言った。「私の小さい娘が死にかけています。どうか、おいでくださって、娘の上に御手を置いてやってください。娘が直って、助かるようにしてください。」24そこで、イエスは彼といっしょに出かけられたが、多くの群衆がイエスについて来て、イエスに押し迫った。

35イエスが、まだ話しておられるときに、会堂管理者の家から人がやって来て言った。「あ

なたのお嬢さんはなくなりました。なぜ、このうえ先生を煩わすことがありましょう。」36
イエスは、その話のことばをそばで聞いて、会堂管理者に言われた。「恐れないで、ただ信
じていなさい。」37そして、ペテロとヤコブとヤコブの兄弟ヨハネのほかは、だれも自分と
いっしょに行くのをお許しにならなかった。38彼らはその会堂管理者の家に着いた。イエ
スは、人々が、取り乱し、大声で泣いたり、わめいたりしているのをご覧になり、39中に
入って、彼らにこう言われた。「なぜ取り乱して、泣くのですか。子どもは死んだのではな
い。眠っているのです。」40人々はイエスをあざ笑った。しかし、イエスはみんなを外に出
し、ただその子どもの父と母、それにご自分の供の者たちだけを伴って、子どものいる所
へ入って行かれた。41そして、その子どもの手を取って、「タリタ、クミ」と言われた。（訳
して言えば、「少女よ。あなたに言う。起きなさい」という意味である。）42すると、少女はす
ぐさま起き上がり、歩き始めた。十二歳にもなっていたからである。彼らはたちまち非常
な驚きに包まれた。43イエスは、このことをだれにも知らせないようにと、きびしくお命
じになり、さらに、少女に食事をさせるように言われた。

湖を渡ってユダヤ人の地に戻られたイエスを、またも大ぜいの群衆が取り囲んだ。その中でとりわけ熱心にイエスを待ち受けていたヤイロという名の会堂管理者が、自分の死にかけていた娘のことで、ひれ伏して助けを求めた。イエスはこれに応じられた。交わされた三つのことばに注目したい。

(1)「どうか、おいで下さって、…娘が直って、助かるようにしてください」(23)。

ヤイロの懇願。「娘の上に御手を置いてやってください」とまで、具体的にお願いした。率直で、単純で、真剣な訴え。同時に、イエスなら必ず治してくださるという確信が表明されている。このような、信仰から出た一途な求めに、イエスが喜んで応じられた。「そこで、イエスは彼といっしょに出かけられた」(24)。

使徒ヨハネがイエスの次のようなおことばを書き記している。

「父がわたしにお与えになる者はみな、わたしのところに来ます。そしてわたしのところに来る者を、わたしは決して捨てません(口語訳:決して拒みはしない)」(ヨハネの福音書6章37節)。

ヘブル人への手紙にもこう記されている。

「私たちは、…全き信仰をもって、真心から神に近づこうではありませんか」(ヘブル人への手紙10章22節)。

(2)「恐れないで、ただ信じていなさい」(36)。

イエスが家に着くまでに、その途中で、邪魔が入ったと言わざるを得ない出来事が生じた。十二年もの間病気で苦しんでいた女性が、群衆の中でイエスに助けを求めて手を伸ばし、着物に触れた。お邪魔したくなかった彼女はそのまま立ち去ろうとしたがイエスがそうさせなかった。イエスは彼女ともことばを交わされ、そうこうしているうちに、イエスのそばにいたヤイロのところに知らせが来た。「お嬢さんはなくなりました」(35)と。イエスがそれを耳にして言われたのが、「恐れないで、ただ信じていなさい(別訳:信じ続けなさい)」であった。何があっても、くじけずに、あきらめずに、信じること。それが信仰である。

(3)「少女よ。あなたに言う。起きなさい」(41)。

家に着いたイエスは、大声で泣いたり、わめいたりしている人々に、「なぜ取り乱して、泣くのですか。子どもは死んだのではない。眠っているのです」(39)と言われ、子どもの所へ行き手を取って「タリタ、クミ」(アラム語)と言われた。

「まことに、まことに、あなたがたに告げます。死人が神の子の声を聞く時が来ます。今がその時です。そして、聞く者は生きるのです」(ヨハネの福音書5章25節)。

「わたしを信じる者は、死んでも生きるのです」(同11章25節)。

２０１７年2月12日

「お着物にさわれれば」5章25～34節

25 ところで、十二年の間長血をわずらっている女がいた。26 この女は多くの医者からひどいめに会わされて、自分の持ち物をみな使い果たしてしまったが、何のかいもなく、かえって悪くなる一方であった。27 彼女は、イエスのことを耳にして、群衆の中に紛れ込み、うしろから、イエスの着物にさわった。28「お着物にさわることでもできれば、きっと直る」と考えていたからである。29 すると、すぐに、血の源がかれて、ひどい痛みが直ったことを、からだに感じた。30 イエスも、すぐに、自分のうちから力が外に出て行ったことに気づいて、群衆の中を振り向いて、「だれがわたしの着物にさわったのですか」と言われた。31そこで弟子たちはイエスに言った。「群衆があなたに押し迫っているのをご覧になっていて、それでも『だれがわたしにさわったのか』とおっしゃるのですか。」32イエスは、それをした人を知ろうとして、見回しておられた。33女は恐れおののき、自分の身に起こった事を知り、イエスの前に出てひれ伏し、イエスに真実を余すところなく打ち明けた。34そこで、イエスは彼女にこう言われた。「娘よ。あなたの信仰があなたを直したのです。安心して帰りなさい。病気にかからず、すこやかでいなさい。」

十二年もの間病んでいる女性が、助けを得ようとイエスに近づいた。彼女にイエスはどう応じられたか。果たして彼女は助けを得ることができただろうか。この女性にあったものは何か。

(1) 病歴（25〜26）

イエスはそのとき会堂管理者ヤイロの求めに応じて、その死にかけていた娘を助けに行く途中だった。その娘が生まれ育って十二歳、ちょうどその分、この女性は病み続けていたことになる。ただ事ではない。しかも「この女は多くの医者からひどいめに会わされて、自分の持ち物をみな使い果たしてしまったが、何のかいもなく、かえって悪くなる一方であった」と言う。闘病生活のほか、誇るべきものは何もなかったように見える。

(2) 病識（26〜27）

だがイエスはかつて言われた。「医者を必要とするのは丈夫な者ではなく、病人です」（2章17節）。イエスは、自分が病人であるとの自覚つまり病識のある人だけが医者を求めるのだ、と言われた。病人の自覚ある者をわたしは招きに来た。彼女にはそれがあった。「心の貧しい者は幸いです。…悲しむ者は幸いです。…柔和な（別訳：弱い）者は幸いです」（マタイの福音書5章3～5節）というのが、イエスの福音の宣言である。私たちはどうだろうか。

(3)信仰（27～28）

「彼女は、イエスのことを耳にして、群衆の中に紛れ込み、うしろから、イエスの着物にさわった」。これが彼女の信仰の第一歩だった。「お着物にさわることでもできれば、きっと直る」というのが彼女の信仰だった。一途な信仰である。「信仰は聞くことから始まり、聞くことは、キリストについてのみことばによるのです」（ローマ人への手紙10章17節）。イエスのことを聞いた彼女は、イエスに信頼を寄せた。他の人のことはもはや気にならなかった。だが、イエスに面と向かって要求するのではなく、イエスのお力の文字通り「お裾分け」にだけあずかろうとした。

２０１７年2月19日

「不信仰に驚かれた」6章1～6節前半

1 イエスはそこを去って、郷里に行かれた。弟子たちもついて行った。2 安息日になったとき、会堂で教え始められた。それを聞いた多くの人々は驚いて言った。「この人は、こういうことをどこから得たのでしょう。この人に与えられた知恵や、この人の手で行われるこのような力あるわざは、いったい何でしょう。3この人は大工ではありませんか。マリヤの子で、ヤコブ、ヨセ、ユダ、シモンの兄弟ではありませんか。その妹たちも、私たちとここに住んでいるではありませんか。」こうして彼らはイエスにつまずいた。4イエスは彼らに言われた。「預言者が尊敬されないのは、自分の郷里、親族、家族の間だけです。」5それで、そこでは何一つ力あるわざを行うことができず、少数の病人に手を置いていやされただけであった。6イエスは彼らの不信仰に驚かれた。

ここにはイエスが「(彼らの)不信仰に驚かれた」(6)とある。それとは逆に、イエスが「(一人の人物の)信仰に驚かれた」ことがあった。「イエスは、これを聞いて驚かれ、ついて来た人たちにこう言われた。『まことに、あなたがたに告げます。わたしはイスラエルのうちのだれにも、このような信仰を見たことがありません』」。(マタイの福音書8章10節)イエスが、私たち人間の「信仰」「不信仰」に、いかに大きな関心を向けておられるかがわかる。

I「郷里に行かれた」(1)イエスが、郷里の人々の不信仰に驚かれたというのは、どんな事情だったのか。

(1)彼らはイエスの話されたことばや行われたわざを見聞きして、その知恵や力に驚いた(2)。

(2)だが、イエスの出身が大工であることや、その家族も自分たちが知っているという表面的な知識にとらわれて、イエスの真の姿を見ようとしなかった（3）。

(3)彼らはイエスに感心することはしても、イエスを「キリスト」として信仰の目を向けることはしなかった。「こうして彼らはイエスにつまずいた」（3）。

Ⅱ彼らには信仰の目を開かれるチャンスはなかったのか。

「この人は、こういうことをどこから得たのでしょう」「この人に与えられた知恵や、この人の手で行われるこのような力あるわざは、いったい何でしょう」…。彼らの心に生じた率直な疑問と質問、それは正真正銘、上から来た賜物であり、与えられたチャンスだった。彼らにはその問いを掘り下げることが出来たはず。「福音を説き聞かされていることは、私たちも彼らと同じなのです。ところが、その聞いたみことばも、彼らには益になりませんでした。みことばが、それを聞いた人たちに、信仰によって、結びつけられなかったからです」（ヘブル人への手紙4章2節）。

イエスのことばを、信仰によって、自分に結びつける、それこそが大事なカギ。

Ⅲイエスは私たちの不信仰を「驚かれる」方。

「預言者が尊敬されないのは、自分の郷里、親族、家族の間だけです」（4）。評論家のように言われたのではない。「そんなことがあってはならない、あるはずがない」と、ここにはイエスの深い心の痛み、悲しみ、嘆き、そして熱い願望が込められている。「それで、そこでは何一つ力あるわざを行うことができず、少数の病人に手を置いていやされただけであった」（5）。信仰のないのが当たり前なのではない。「信仰がないのは、どうしたことです」（4章40節）。

2017年2月26日

「杖一本の旅」6章6節後半〜13節

[6]それからイエスは、近くの村々を教えて回られた。[7]また、十二弟子を呼び、ふたりず
つ遣わし始め、彼らに汚れた霊を追い出す権威をお与えになった。[8]また、彼らにこう命
じられた。「旅のためには、杖一本のほかは、何も持って行ってはいけません。パンも、袋
も、胴巻に金も持って行ってはいけません。[9]くつは、はきなさい。しかし二枚の下着を
着てはいけません。」[10]また、彼らに言われた。「どこででも一軒の家に入ったら、そこの
土地から出て行くまでは、その家にとどまっていなさい。[11]もし、あなたがたを受け入れ
ない場所、また、あなたがたに聞こうとしない人々なら、そこから出て行くときに、そこ
の人々に対する証言として、足の裏のちりを払い落としなさい。」[12]こうして十二人が出て
行き、悔い改めを説き広め、[13]悪霊を多く追い出し、大ぜいの病人に油を塗っていやした。

「それからイエスは、近くの村々を教えて回られた」(6)。「また、十二弟子を呼び、ふたりずつ遣わし始め、彼らに汚れた霊を追い出す権威をお与えになった」(7)。いくつかのことを「命じられた」うえ、イエスは彼らを派遣された(8〜13)。

イエスが彼らに命じられたことを三つにまとめることができる。

(1)「杖一本の旅」

「旅のためには、杖一本のほかは、何も持って行ってはいけません。パンも、袋も、胴巻に金

も持って行ってはいけません。くつは、はきなさい。しかし二枚の下着を着てはいけません」（8～9）。

文字通りのシンプル・ライフ。このとき派遣された弟子だけでなく、私たちすべてにとっての基本的なあり方を教えるものとわきまえたい（ヘブル人への手紙11章13節）。後にイエスは弟子たちに言われた。「わたしがあなたがたを、財布も旅行袋もくつも持たせずに旅に出したとき、何か足りない物がありましたか」弟子たちは言った。「いいえ。何もありませんでした」（ルカの福音書22章35節）。「どうしても必要なことはわずかです。いや、一つだけです」と、イエスはマルタをさとすように教えられた（ルカの福音書10章42節）。また、使徒パウロの言葉「御霊の与える剣である、神のことばを受け取りなさい」（エペソ人への手紙6章17節）。これらはみな、私たちへのヒントとなる。

(2)「一軒の家」

「どこででも一軒の家に入ったら、そこの土地から出て行くまでは、その家にとどまっていなさい。もし、あなたがたを受け入れない場所、また、あなたがたに聞こうとしない人々なら、そこから出て行くときに、そこの人々に対する証言として、足の裏のちりを払い落としなさい」（10～11）。

イエスご自身が、レビ（マタイ）の家に（2章15節）、マルタの家に（ルカの福音書10章38節）、またザアカイの家に（ルカの福音書19章5～6節）喜んで入られたことが思い出される。「人は、神が結び合わせたものを引き離してはなりません」（マタイの福音書19章6節）。神の導きに従い、御霊に導かれるままに、私たちは人とのつながりを持つ。

(3)「一つのメッセージ」

「こうして十二人が出て行き、悔い改めを説き広め、悪霊を多く追い出し、大ぜいの病人に油を塗っていやした」(12〜13)。

「時が満ち、神の国が近くなった。悔い改めて福音を信じなさい」(1章15節)。イエスご自身が宣べ伝えた福音のメッセージ。それをそのままに人々のところに届けることを弟子たちは命じられ、それをその通りに実行した。

2017年3月5日

「先駆者ヨハネの生涯」6章14〜29節

14 イエスの名が知れ渡ったので、ヘロデ王の耳にも入った。人々は、「バプテスマのヨハネが死人の中からよみがえったのだ。だから、あんな力が、彼のうちに働いているのだ」と言っていた。15 別の人々は、「彼はエリヤだ」と言い、さらに別の人々は、「昔の預言者の中のひとりのような預言者だ」と言っていた。16 しかし、ヘロデはうわさを聞いて、「私が首をはねたあのヨハネが生き返ったのだ」と言っていた。17 実は、このヘロデが、自分の兄弟ピリポの妻へロデヤのことで、—ヘロデはこの女を妻としていた—人をやってヨハネを捕らえ、牢につないだのであった。18 これは、ヨハネがヘロデに、「あなたが兄弟の妻を

自分のものとしていることは不法です」と言い張ったからである。19ところが、ヘロデヤ
はヨハネを恨み、彼を殺したいと思いながら、果たせないでいた。20それはヘロデが、ヨ
ハネを正しい聖なる人と知って、彼を恐れ、保護を加えていたからである。また、ヘロデ
はヨハネの教えを聞くとき、非常に当惑しながらも、喜んで耳を傾けていた。21ところが、
良い機会が訪れた。ヘロデがその誕生日に、重臣や、千人隊長や、ガリラヤのおもだった
人などを招いて、祝宴を設けたとき、22ヘロデヤの娘が入って来て、踊りを踊ったので、ヘ
ロデも列席の人々も喜んだ。そこで王は、この少女に、「何でもほしい物を言いなさい。与
えよう」と言った。23また、「おまえの望む物なら、私の国の半分でも、与えよう」と言っ
て、誓った。24そこで少女は出て行って、「何を願いましょうか」とその母親に言った。す
ると母親は、「バプテスマのヨハネの首」と言った。25そこで少女はすぐに、大急ぎで王の
前に行き、こう言って頼んだ。「今すぐに、バプテスマのヨハネの首を盆に載せていただき
とうございます。」26王は非常に心を痛めたが、自分の誓いもあり、列席の人々の手前もあ
って、少女の願いを退けることを好まなかった。27そこで王は、すぐに護衛兵をやって、ヨ
ハネの首を持ってくるように命令した。護衛兵は行って、牢の中でヨハネの首をはね、28
その首を盆に載せて持って来て、少女に渡した。少女は、それを母親に渡した。29ヨハネ
の弟子たちは、このことを聞いたので、やって来て、遺体を引き取り、墓に納めたのであ
った。

このヨハネについて、イエスが「女から生まれた者の中で、バプテスマのヨハネよりすぐれた人は出ませんでした」(マタイの福音書11章11節)と言っておられたことを忘れてはならない。ヨハネ自身はへりくだって「あの方は盛んになり私は衰えなければなりません」(ヨハネの福音書3章30節)と言ったが、イエスの先駆者として役割を果たしたこの人を正しく評価すべく、改めてヨハネの生涯を振り返ってみよう。

(1)荒野(準備)

ルカの福音書は、ヨハネの誕生の記事を書くことから始め、1章の終わりをこう結んでいる。「さて、幼子は成長し、その霊は強くなり、イスラエルの民の前に公に出現する日まで荒野にいた」(1章80節)。マルコの福音書はバプテスマのヨハネの出現から書き始めるが、そこに至る荒野での生活を「ヨハネは、らくだの毛で織った物を着て、腰に皮の帯を締め、いなごと野蜜を食べていた」(1章6節)と描写、そこから登場したヨハネを「荒野で叫ぶ者の声」として紹介した(1章3節)。ヨハネ自身も、「私は、預言者イザヤが言ったように『主の道をまっすぐにせよ』と荒野で叫んでいる者の声です」(ヨハネの福音書1章23節)と告白している。荒野での日々は主からの使命に徹して生きるための準備であった。シンプル・ライフと聖書に親しむ毎日こそが、ヨハネをして「荒野で叫ぶ者の声」たらしめたと言える(テモテへの手紙第二4章16～17節参照)。

(2)宣教

「彼は宣べ伝えて言った。『私よりもさらに力のある方が、あとからおいでになります。私には、かがんでその方のくつのひもを解く値うちもありません。私はあなたがたに水でバプテスマを授けましたが、その方は、あなたがたに聖霊のバプテスマをお授けになります。』」（1章7～8節）。

ヨハネの宣教は人々にイエスを指し示すことに終始するものであった。人の顔を恐れることは一切なかった。したがって、ヘロデ王にも兄弟の妻を自分のものとしていたことについて直言したことがあった（18）。その結果、「ヘロデは…人をやってヨハネを捕らえ、牢につないだのであった」（17）。だが一方で、「ヘロデが、ヨハネを正しい聖なる人と知って、彼を恐れ、保護を加えていた…。また、ヘロデはヨハネの教えを聞くとき、非常に当惑しながらも、喜んで耳を傾けていた」（20）のも事実である。ヨハネの宣教には、人に聞く耳を持たせるだけの魅力と説得力があったと言えよう。

(3) 殉教

ヘロデの妻ヘロデヤの策略のゆえに、ヨハネは首を切られて死ぬ結果となった。しかしそれは殉教の死である。主イエスの死の先触れとも言える。彼は生涯をかけてイエスの証人となり得た。その生涯には報いが約束されている（ヨハネの福音書12章26節参照）。

２０１７年3月12日

「さあ、しばらく休みなさい」6章30～44節

[30]さて、使徒たちは、イエスのもとに集まって来て、自分たちのしたこと、教えたことを
残らずイエスに報告した。[31]そこでイエスは彼らに、「さあ、あなたがただけで、寂しい所
へ行って、しばらく休みなさい」と言われた。人々の出入りが多くて、ゆっくり食事する
時間さえなかったからである。[32]そこで彼らは、舟に乗って、自分たちだけで寂しい所へ
行った。[33]ところが、多くの人々が、彼らの出て行くのを見、それと気づいて、方々の町々
からそこへ徒歩で駆けつけ、彼らよりも先に着いてしまった。[34]イエスは、舟から上がら
れると、多くの群衆をご覧になった。そして彼らが羊飼いのいない羊のようであるのを深
くあわれみ、いろいろと教え始められた。[35]そのうち、もう時刻もおそくなったので、弟
子たちはイエスのところに来て言った。「ここはへんぴな所で、もう時刻もおそくなりまし
た。[36]みんなを解散させてください。そして、近くの部落や村に行って何か食べる物をめ
いめいで買うようにさせてください。」[37]すると、彼らに答えて言われた。「あなたがたで、
あの人たちに何か食べる物を上げなさい。」そこで弟子たちは言った。「私たちが出かけて
行って、二百デナリものパンを買ってあの人たちに食べさせるように、ということでしょ
うか。」[38]するとイエスは彼らに言われた。「パンはどれぐらいありますか。行って見て来
なさい。」彼らは確かめて言った。「五つです。それと魚が二匹です。」[39]イエスは、みなを、
それぞれ組にして青草の上にすわらせるよう、弟子たちにお命じになった。[40]そこで人々

は、百人、五十人と固まって席に着いた。41するとイエスは、五つのパンと二匹の魚を取
り、天を見上げて祝福を求め、パンを裂き、人々に配るように弟子たちに与えられた。ま
た、二匹の魚もみなに分けられた。42人々はみな、食べて満腹した。43そして、パン切れ
を十二のかごにいっぱい取り集め、魚の残りも取り集めた。44パンを食べたのは、男が五
千人であった。

「五千人の給食」、「パンと魚の奇跡」などと呼ばれて有名なこの記事は、伝道のために派遣された弟子たちが帰ってきて、イエスにその報告をしたところから始まる。

「イエスは…多くの群衆をご覧になった。そして彼らが羊飼いのいない羊のようであるのを深くあわれみ、いろいろと教え始められた」(34)とあるように、この奇跡はあくまで五千人を超える群衆へのイエスのあわれみから出たことではあったが、同時に弟子たちへの訓練とご配慮の延長としての意義があったことも見逃せない。とくにその角度から、この出来事を見ることにしよう。

(1)弟子の報告(30)

「使徒たちは、イエスのもとに集まって来て、自分たちのしたこと、教えたことを残らずイエスに報告した。」

これは一週間の旅路を終えてイエスのもとに集まって来る私たちの姿と重なる。週の初めの日の礼拝に、私たちは自らの歩みのすべてを、主の前に携えて来る。感謝すべきこと、祈るべき課題を、ありのまま申し上げ知って頂くために。

(2)休息の指示（31）

「そこでイエスは彼らに、『さあ、あなたがただけで、寂しい所へ行って、しばらく休みなさい』と言われた。人々の出入りが多くて、ゆっくり食事する時間さえなかったからである。」

イエスは弟子たちの労苦をねぎらってくださる。「すべて、疲れた人、重荷を負っている人は、わたしのところに来なさい。わたしがあなたがたを休ませてあげます」（マタイの福音書11章28節）。イエスのこの優しさが私たちをいやす。

(3)弟子の役割（32〜44）

弟子の役割は主のご命令に従うことにある。主はご配慮から休息を命じられた。「そこで彼らは、舟に乗って、自分たちだけで寂しい所へ行った。」ところが、である。想定外のことが起こった（33）。追いかけて来た群衆にさまたげられた。だが、もう一つの想定外なことが起こった。イエスがその群衆をあわれみ顧みられた。その主のみわざの中で用いられるという役割が彼らに与えられたのであった。

「わたしは心優しく、へりくだっているから、あなたがたもわたしのくびきを負って、わたしから学びなさい」（マタイの福音書11章29節）。イエスは弟子たちにも「わたしのくびき」を共に背負ってほしいと望まれる。その役割を果たす中で、弟子たちは、また私たちもイエスから学ぶことができる。「そうすれば、たましいに安らぎ」（同29節）が来ることを。そしてイエスの「わたしのくびきは負いやすく、わたしの荷は軽い」（同30節）というおことばをも。

２０１７年3月19日

「しっかりしなさい、わたしだ」6章45～52節

[45]それからすぐに、イエスは弟子たちを強いて舟に乗り込ませ、先に向こう岸のベツサイ
ダに行かせ、ご自分は、その間に群衆を解散させておられた。[46]それから、群衆に別れ、祈
るために、そこを去って山のほうに向かわれた。[47]夕方になったころ、舟は湖の真ん中に
出ており、イエスだけが陸地におられた。[48]イエスは、弟子たちが、向かい風のために漕
ぎあぐねているのをご覧になり、夜中の三時ごろ、湖の上を歩いて、彼らに近づいて行か
れたが、そのままそばを通り過ぎようとのおつもりであった。[49]しかし、弟子たちは、イ
エスが湖の上を歩いておられるのを見て、幽霊だと思い、叫び声をあげた。[50]というのは、
みなイエスを見ておびえてしまったからである。しかし、イエスはすぐに彼らに話しかけ、
「しっかりしなさい。わたしだ。恐れることはない」と言われた。[51]そして舟に乗り込まれ
ると、風がやんだ。彼らの心中の驚きは非常なものであった。[52]というのは、彼らはまだ
パンのことから悟るところがなく、その心は堅く閉じていたからである。

五千人以上もの人々を食べさせるということを終えられた後、イエスはふたたび弟子たちに休息を与えようとされ、弟子たちを舟に乗り込ませて、向こう岸へ行かせた。このとき、弟子たちはまたもイエスに驚きの目を向けさせられる新しい経験をした。

52節の筆者のコメントは、そのことを私たち読者に気づかせてくれる。すなわち、「というのは、

彼らはまだパンのことから悟るところがなく、その心は堅く閉じていたからである」。私たちの心はイエスに対して開かれて来ているだろうか。

(1)イエス、祈るために山へ向かう（45～46）

弟子たちを休ませ、その間に主であるイエスは何をしようとされていたのだろうか。

詩篇121が思い出される。「私は山に向かって目を上げる。／私の助けは、どこから来るのだろうか。／私の助けは、天地を造られた主から来る。／主はあなたの足をよろけさせず、／あなたを守る方は、まどろむこともない。／見よ、イスラエルを守る方は、まどろむこともなく、眠ることもない。」（1～4節）イエスは「祈るために」山のほうへ向かわれたのであった。

(2)弟子たち、湖で漕ぎあぐねる（47～48）

山で祈られるイエスと対照的に、弟子たちは「湖の真ん中」で漕ぎあぐねていた。

「あなたがたは、世にあっては患難があります。しかし勇敢でありなさい。わたしはすでに世に勝ったのです」（ヨハネの福音書16章33節）。地上世界で絶えず、繰返し、戦いを経験し、とまどい、あえぎながら生きてきている現実が私たちにある。だが「イエスは、弟子たちが、向かい風のために漕ぎあぐねているのをご覧になり」と。主は私たちのすべてをご存じであり私たちのために立ち上がられる方である。「おりにかなった助け」（ヘブル人への手紙4章16節）を私たちに下さるイエス。

「夜中の三時ごろ、湖の上を歩いて、彼らに近づいて行かれた」のであった。

(3)イエス、弟子たちに声をかける（49～52）

なぜかイエスは「そのままそばを通り過ぎようとのおつもりであった」。エマオへの道を、ふたりの弟子が、まだ「イエスだとはわからなかった」まま、復活したイエスとともに歩いていたあの有名なエピソード（ルカの福音書24章）を思い出す。「イエスはまだ先へ行きそうなご様子であった」（同28節）。湖の上で、弟子たちがおびえて叫び声を上げたとき、「イエスはすぐに彼らに話しかけ、『しっかりしなさい。わたしだ。恐れることはない』と言われた」。「わたしだ」は英語では〝It is I〟原文ギリシャ語では「エゴーエイミ」。旧約聖書へブル語の「主」。

２０１７年3月26日

「イエスに押し寄せた人々」6章53～56節

53 彼らは湖を渡って、ゲネサレの地に着き、舟をつないだ。54 そして、彼らが舟から上がると、人々はすぐにイエスだと気がついて、55 そのあたりをくまなく走り回り、イエスがおられると聞いた場所へ、病人を床に載せて運んで来た。56 イエスが入って行かれると、村でも町でも部落でも、人々は病人たちを広場に寝かせ、そして、せめて、イエスの着物の端にでもさわらせてくださるようにと願った。そして、さわった人々はみな、いやされた。

この記事を読むと、人々の驚くほどの熱気に圧倒される思いがするが、同時に神の国の到来、またリバイバルを直感・予感させる出来事として書き記されたのではないかとさえ思えてくる。ここで気づかされることは、

(1)人々の渇望と感動

人々のうちに感動があったことが見てとれる。それは弟子たちも味わったものであって、そのひとりヨハネが後に書き残した手紙の冒頭にこうある。「初めからあったもの、私たちが聞いたもの、目で見たもの、じっと見、また手でさわったもの、すなわち、いのちのことばについて、――このいのちが現れ、私たちはそれを見たので、そのあかしをし、あなたがたにこの永遠のいのちを伝えます。すなわち、御父とともにあって、私たちに現された永遠のいのちです。――私たちの見たこと、聞いたことを、あなたがたにも伝えるのは、あなたがたも私たちと交わりを持つようになるためです」(ヨハネの手紙第一 1章1～3節)。イエスから聞きたい、イエスを見たい、イエスにさわりたい、との思いから人々は繰り返し集まって来た。このときの人々の熱狂ぶりは弟子たちにも共感できたものであり、読者にもそれを共感してほしいとの思いが、この記事を書かせた。

(2)人々は我を忘れてやって来た

この有様を人は群集心理が働いたのだと、冷ややかに眺めるかもしれない。だが、彼らはそのように周りから見られることを恐れたりしなかった。それほどに彼らはイエスに集中した。この記事には同じ福音書の先行記事を思い出される描写がある。「屋根をはがして」病人をイエス

のところへ連れてきた四人の友人たち（2章）。また「お着物にさわれれば」とうしろからそっとイエスに触った女性（5章）。群衆はそれにならうようにして、イエスのいる所へ押し寄せた。自分をイエスに押し寄せる群衆の一人となりきることを恥ずかしいとは思わなかった。「オンリーワン」よりも「ワンオブ（ゼム）」と位置づけることを憚らなかった。

(3) 人々の求めに応じたイエス

屋根をはがして連れられて来た病人をいやし、うしろから着物にさわった女性をいやされたイエスは、ここでも人々に同じように接してくださった。イエスは人々の渇望に喜んで応じ、すべての必要に応えてくださる方である。「義に飢え渇く者は幸いです。その人たちは満ち足りるから」（マタイの福音書5章6節）。

2017年4月2日

「神の戒めか人の教えか」7章1～13節

1 さて、パリサイ人たちと幾人かの律法学者がエルサレムから来ていて、イエスの回りに集まった。2 イエスの弟子のうちに、汚れた手で、すなわち洗わない手でパンを食べている者があるのを見て、3 ―パリサイ人をはじめユダヤ人はみな、昔の人たちの言い伝えを堅く守って、手をよく洗わないでは食事をせず、4 また、市場から帰ったときには、からだをきよめてからでないと食事をしない。まだこのほかにも、杯、水差し、銅器を洗うこ

となど、堅く守るように伝えられた、しきたりがたくさんある――5パリサイ人と律法学者
たちは、イエスに尋ねた。「なぜ、あなたの弟子たちは、昔の人たちの言い伝えに従って歩
まないで、汚れた手でパンを食べるのですか。」6イエスは彼らに言われた。「イザヤはあ
なたがた偽善者について預言をして、こう書いているが、まさにそのとおりです。『この民
は、口先ではわたしを敬うが、その心は、わたしから遠く離れている。7彼らが、わたし
を拝んでも、むだなことである。人間の教えを、教えとして教えるだけだから。』8あなた
がたは、神の戒めを捨てて、人間の言い伝えを堅く守っている。」9また言われた。「あな
たがたは、自分たちの言い伝えを守るために、よくも神の戒めをないがしろにしたもので
す。10モーセは、『あなたの父と母を敬え』、また『父や母をののしる者は死刑に処せられ
る』と言っています。11それなのに、あなたがたは、もし人が父や母に向かって、私から
あなたのために上げられる物は、コルバン（すなわち、ささげ物）になりました、と言え
ば、12その人には、父や母のために、もはや何もさせないようにしています。13こうして
あなたがたは、自分たちが受け継いだ言い伝えによって、神のことばを空文にしています。
そして、これと同じようなことを、たくさんしているのです。」

この箇所を理解するためのカギは13節のイエスのおことばそのもののうちにある。「こうしてあなたがたは、自分たちが受け継いだ言い伝えによって、神のことばを空文にしています。そして、これと同じようなことを、たくさんしているのです。」

(1)問題の発端

「パリサイ人たちと幾人かの律法学者が…イエスの周りに集まった」(1)という書き出しに、すでに何か穏やかでない空気を感じさせる。この人たちは事あるごとに、繰り返し、イエスに批判的な態度をとって来ているからである。ここで彼らは「イエスの弟子のうちに、汚れた手で、すなわち洗わない手でパンを食べている者があるのを見て…」(2)、「『なぜ、あなたの弟子たちは、昔の人たちの言い伝えに従って歩まないで、汚れた手でパンを食べるのですか』」(5)と、さっそく非難した。

イエスの周りに、昔も今も変わらず、非難めいた態度でやって来る人たちがいる。

(2)最重要事の理解のズレ

パリサイ人と律法学者にとっては「言い伝え」(3、5、8、9)を堅守し、それに従って歩むことが最優先事となっていた。また、それを他人に対しても要求した。イエスはその点を見抜いておられ、「あなたがたは、神の戒めを捨てて、人間の言い伝えを堅く守っている」(8)と言われ、また「あなたがたは、自分たちの言い伝えを守るために、よくも神の戒めをないがしろにしたものです」(9)と言われた。イエスは、神の戒めこそが言うまでもなく人間にとって守るべき最重要事であり、また追究すべき最大の課題であるべきことを、パリサイ人・律法学者にも、嘆きを込めて訴えられたのであった。イエスはご自身の弟子たちさえも、そのことを悟らせようとして、繰り返し教えられた。天国のカギを委ねようとされたペテロにも「あなたは神のことを思わないで、人のことを思っている」(マタイの福音書16章23節)と叱咤しながら教えられ、親しい交わりをもって愛しておられたマルタにも「どうしても必要なことはわずかです。いや、一つだけです」（ルカの福音書10章42節）と諭すように教えられた。

(3) この箇所からのメッセージ

パリサイ人・律法学者の考え方やふるまいは決して他人事とは言えない。私たちも「これと同じようなことをたくさんしている」と言われているのではなかろうか。イエスが6〜7節に引用されたイザヤの預言のことばは私たちにも向けられている。「神に聞き従うより、あなたがたに聞き従うほうが、神の前に正しいかどうか、判断してください」（使徒の働き4章19節）と言い得た使徒たちのようにされたい。「神の国とその義とをまず第一に求めなさい」（マタイの福音書6章33節）。

２０１７年4月9日

「何が人を汚すのか」7章14〜23節

14 イエスは再び群衆を呼び寄せて言われた。「みな、わたしの言うことを聞いて、悟るようになりなさい。15 外側から人に入って、人を汚すことのできる物は何もありません。人から出て来るものが、人を汚すものなのです。」＊17 イエスが群衆を離れて、家に入られると、弟子たちは、このたとえについて尋ねた。18 イエスは言われた。「あなたがたまで、そんなにわからないのですか。外側から人に入って来る物は人を汚すことができない、というこ

とがわからないのですか。19そのような物は、人の心には、入らないで、腹に入り、そし
て、かわやに出されてしまうのです。」イエスは、このように、すべての食物をきよいとさ
れた。20また言われた。「人から出るもの、これが、人を汚すのです。21内側から、すなわ
ち、人の心から出て来るものは、悪い考え、不品行、盗み、殺人、22姦淫、貪欲、よこし
ま、欺き、好色、ねたみ、そしり、高ぶり、愚かさであり、23これらの悪はみな、内側か
ら出て、人を汚すのです。」

神の戒めよりも人間の言い伝えを堅く守っていたパリサイ人たちを、主イエスは、あなたがたはそうすることで「神のことばを空文にしている（無にしている）」と言ってお叱りになった。主が続けて「あなたがたは、これと同じようなことをたくさんしている」（13）と言われたとき、このおことばは私たちにもあてはまることに気づかされる。今日の箇所でイエスは「群衆を呼び寄せて言われた」と積極的にみなに向かって「みな、わたしの言うことを聞いて、悟るようになりなさい」と語り出され、結論的なひとことで教えられた。「外側から人に入って、人を汚すことのできる物は何もありません。人から出て来るものが、人を汚すものなのです」（15）と。このおことばがよくわからずに質問した弟子たち（17）に、主は答えられた。

(1)外から人に入る物は人を汚さない（18～19）

「外側から人に入って来る物は人を汚すことができない、ということがわからないのですか」。
「イエスは、このように、すべての食物をきよいとされた」。

(2)人から出るものが人を汚す…(20)

「人から出るもの、これが、人を汚すのです」。使徒パウロも後に手紙の中で「肉の行い」―新共同訳「肉の業」―と呼んで、その存在を明らかにしている(ガラテヤ人への手紙5章19~21節

(3)「人の心から出て来るもの」とは何か(21~23)

「内側から、すなわち、人の心から出て来るものは」と、具体的に、一つ一つ、全部で十二の「悪い考え」が内側から出て来る、と言われた。ここではイエスは私たちのために良き医者となっていてくださる。「医者を必要とするのは丈夫な者ではなく、病人です。わたしは正しい人を招くためではなく、罪人を招くために来たのです」(2章17節)と言われたイエスが、私たちの心から出てくる「悪い考え」を的確に指摘して下さるのは、それらを取り除いて下さるためである。

私たちはどれだけ自分の内側から出て来る「悪い考え」に気づいているだろうか。私たちはこうした私たちの心の病を知っておられ、取り除いて下さることの出来るただ一人の名医であられるイエスにお会いし、信頼申し上げているだろうか。私たちの心から出て来る十二の「悪い考え」を、心に留めることが必要である。イエスは私たちの記憶の助けになるよう、三つずつにまとめながら教えられた。「不品行」「盗み」「殺人」、「姦淫」「貪欲」「よこしま」、「欺き」「好色」「ねたみ」、「そしり」「高ぶり」「愚かさ」。「これらの悪はみな、内側から出て、人を汚すのです」。

2017年5月7日

「パンくずだけでも」7章24～30節

24イエスは、そこを出てツロの地方へ行かれた。家に入られたとき、だれにも知られたく
ないと思われたが、隠れていることはできなかった。
25汚れた霊につかれた小さい娘のい
る女が、イエスのことを聞きつけてすぐにやって来て、その足もとにひれ伏した。
26この
女はギリシヤ人で、スロ・フェニキヤの生まれであった。そして、自分の娘から悪霊を追
い出してくださるようにイエスに願い続けた。
27するとイエスは言われた。「まず子どもた
ちに満腹させなければなりません。子どもたちのパンを取り上げて、小犬に投げてやるの
はよくないことです。」
28しかし、女は答えて言った。「主よ。そのとおりです。でも、食
卓の下の小犬でも、子どもたちのパンくずをいただきます。」
29そこでイエスは言われた。
「そうまで言うのですか。それなら家にお帰りなさい。悪霊はあなたの娘から出て行きまし
た。」
30女が家に帰ってみると、その子は床の上に伏せっており、悪霊はもう出ていた。

「ツロの地方に行かれた」とあるが、そこは異邦人の地である。「外側の物でなく、内側から出るものが人を汚すのだ」と教えられたイエスは、異邦人の地に行こうともしない多くのユダヤ人たちと違って、むしろ休息を取ろうとしてか進んでツロの地方に行かれたようである。だが、そこでも「すぐにやって来た」一人の女に出会うことになる。それは「汚れた霊につかれた小さい娘のいる」母親だった。異邦人であるこの母親は、

(1)イエスに頼み事を持って来た

「足もとにひれ伏した」(25)「この女はギリシヤ人で、スロ・フェニキアの生まれであった。そして、自分の娘から悪霊を追い出してくださるようにイエスに願い続けた」(26)。「すべて、疲れた人、重荷を負っている人は、わたしのところに来なさい。わたしがあなたがたを休ませてあげます」(マタイの福音書11章28節)と言われたイエスのお心に、それはまぎれもなく適うことであった。彼女が異邦人であったにせよ。

(2)イエスの口から断りとも取れる一言を聞いた

「するとイエスは言われた。『まず子どもたちに満腹させなければなりません。子どもたちのパンを取り上げて、小犬に投げてやるのはよくないことです。』」(27)。イエスは、ユダヤ人たちを「子どもたち」、異邦人を「小犬」たちと呼んだことで、あたかも、差別されたかのようにも聞こえる。事実、マタイの福音書によると、初めのうち「イエスは彼女に一言もお答えにならなかった」とあり、続けて『わたしは、イスラエルの家の失われた羊以外のところには遣わされていません』と言われた、と記されている(15章23〜24節)。このおことばの真意はどこにあるのだろうか。

(3)イエスのおことばをそのまま受けとめた上であきらめずにお願いした

『主よ。そのとおりです。でも、食卓の下の小犬でも、子どもたちのパンくずをいただきます』(28)。自分をパンくずで満足する小犬のような者と位置づけ、「せめてパンくずだけでもいただかせてください」とお願いする。この母親からは、娘への変わらぬ愛からの「へりくだった心」

「主のおことばの真意を見抜く聡明さ」「主への不動の信頼」が伺われる。イエスは彼女のこの答えに感動され、『ああ、あなたの信仰はりっぱです。その願いどおりになるように。』（マタイの福音書15章28節）とさえ言われた。『そうまで言うのですか。それなら家にお帰りなさい。悪霊はあなたの娘から出て行きました』(29)。この一言が、私たちを救う。

２０１７年5月14日

「『開け』と言われた」7章31～37節

31 それから、イエスはツロの地方を去り、シドンを通って、もう一度、デカポリス地方のあたりのガリラヤ湖に来られた。32 人々は、耳が聞こえず、口のきけない人を連れて来て、彼の上に手を置いてくださるよう、願った。33 そこで、イエスは、その人だけを群衆の中から連れ出し、その両耳に指を差し入れ、それからつばきをして、その人の舌にさわられた。34 そして、天を見上げ、深く嘆息して、その人に「エパタ」すなわち、「開け」と言われた。35 すると彼の耳が開き、舌のもつれもすぐに解け、はっきりと話せるようになった。36 イエスは、このことをだれにも言ってはならない、と命じられたが、彼らは口止めされればされるほど、かえって言いふらした。37 人々は非常に驚いて言った。「この方のなさったことは、みなすばらしい。耳の聞こえない者を聞こえるようにし、口のきけない者を話せるようにされた。」

イエスはふたたびガリラヤ地方の宣教の働きに戻られた。

(1)イエスのうわさを聞いて人々がやって来た（31〜32）。

イエスの行く所、行く所に、いつも人々がやって来たことは顕著な事実である。人々の問題や渇望がいかに大きいか、またイエスのうちに人々がいかに希望を見いだしたかの反映である。このときも「人々は、耳が聞こえず、口のきけない人を連れて来て、彼の上に手を置いてくださるよう、願った」（32）。

(2)イエスは人々の求めに応じられた（33〜35）

イエスは「すべて、疲れた人、重荷を負っている人は、わたしのところに来なさい。わたしがあなたがたを休ませてあげます」（マタイの福音書11章28節）と言われた方。「そこで、イエスは、その人だけを群衆の中から連れ出し」（38）と、すぐさま応じられた。そして「その両耳に指を差し入れ、それからつばきをして、その人の舌にさわられた。そして、天を見上げ、深く嘆息して、その人に『エパタ』すなわち『開け』と言われた」（34）。イエスがいかに積極的に、快く動かれる方であるかがわかる。しかも、人の最も困難を覚えているところにまっすぐに触れてくださる方であることも。後に、イエスが死んで葬られていたラザロに向かって、「ラザロよ。出て来なさい」と言ってくださったことが思い起こされる（ヨハネの福音書11章43節）。なんと単刀直入に、人の最も必要としている、しかも人には出来ないことを、お命じになり、そしてそれを実現してくださる方であるかがわかる。「すると、彼の耳が開き、舌のもつれもすぐに解け、はっきりと話せるようになった」(35)。

(3)イエスは神のすばらしさをあらわされた（36〜37）

「イエスは、このことをだれにも言ってはならない、と命じられた」(36)。ふしぎな一言。イエスがご自分のなさったことを人に吹聴してほしくないと思っておられたことに気がつく。それはイエスという「人」を賛嘆することで終わるのでなく、イエスがなさったように「天を見上げ」(34)、人が神の大いなるご存在に触れること、いわば天に向けて目が開かれることを願っておられた。「人々は非常に驚いて…『この方のなさったことは、みなすばらしい』」(37)。イエスに出会った人が、そこに留まるのでなく、神の素晴らしさに向けて目が開かれるよう、私たちに向かっても「開け」と言っておられるのではなかろうか。

2017年5月21日

「かわいそうに」8章1〜10節

1そのころ、また大ぜいの人の群れが集まっていたが、食べる物がなかったので、イエス
は弟子たちを呼んで言われた。2「かわいそうに、この群衆はもう三日間もわたしといっし
ょにいて、食べる物を持っていないのです。3空腹のまま家に帰らせたら、途中で動けな
くなるでしょう。それに遠くから来ている人もいます。」4弟子たちは答えた。「こんなへ

んぴな所で、どこからパンを手に入れて、この人たちに十分食べさせることができましょ
う。」5するとイエスは尋ねられた。「パンはどれくらいありますか。」弟子たちは、「七
つです」と答えた。6すると、イエスは群衆に、地面にすわるようにおっしゃった。それ
から、七つのパンを取り、感謝をささげてからそれを裂き、人々に配るように弟子たちに
与えられたので、弟子たちは群衆に配った。7また、魚が少しばかりあったので、そのた
めに感謝をささげてから、これも配るように言われた。8人々は食べて満腹した。そして
余りのパン切れを七つのかごに取り集めた。9人々はおよそ四千人であった。それからイ
エスは、彼らを解散させられた。10そしてすぐに弟子たちとともに舟に乗り、ダルマヌタ
地方へ行かれた。

「かわいそうに、この群衆はもう三日間もわたしといっしょにいて、食べる物を持っていないのです。空腹のまま家に帰らせたら、途中で動けなくなるでしょう。それに遠くから来ている人もいます」(2~3)。

この場面で、イエスは心を動かされ、一つの大きなみわざをなさることによって群衆を顧みられた。

(1)イエスは人々の現実を直視し心を動かされる方

「かわいそうに」と、イエスは言われた。群衆、それもイエスを求めて集まって来ている人々の霊的な、また生活上の、困窮した状態に深く心を動かされることをなさった。マタイの福音

書にも、おなじような記事を見つけることが出来る。

「イエスは…群衆を見て、羊飼いのない羊のように弱り果てて倒れている彼らをかわいそうに思われた」（9章36節）。イエスの大いなるみわざはここから始まった。

(2)イエスは弟子たちを用いられる方

「イエスは弟子たちを呼んで言われた」（1）「イエスは尋ねられた。『パンはどれくらいありますか』」（5）「イエスは…七つのパンを取り、感謝をささげてからそれを裂き、人々に配るように弟子たちに与えられたので、弟子たちは群衆に配った。また、魚が少しばかりあったので、そのために感謝をささげてから、これも配るように言われた」（6～7）。弟子たちには、イエスのお心から出てくるすばらしいみわざの一端を担って、お手伝いする役割が与えられている。

(3)イエスのみわざは天の父のお心と直結していた

「感謝をささげてから」（6）「そのために感謝をささげてから」（7）。記事の中にこの短い一言ずつが繰り返されていることを見落としてはならない。マタイの福音書（14章）、ルカの福音書（9章）の記事には「天を見上げて」の句がある。「かわいそうに」との群衆へのイエスのお心は、天の父なる神ご自身のお心にほかならない。イエスが弟子たちを用いてなさるみわざは、御父が御子イエスを通してこの地上に実現させなさる天的なみわざであると言える。「みこころが天で行われるように地でも行われますように」（「主の祈り」）。

きょうペンテコステは「その日、わたしのしもべにも、はしためにも、わたしの霊を注ぐ」（ヨエル書2章29節、使徒の働き2章18節）とのお約束が成就した日。私たちもイエスのように、天を見上げ、聖霊を頂きながら、用いていただこう。

2017年6月4日

「しるしを求める時代」8章11〜13節

11 パリサイ人たちがやって来て、イエスに議論をしかけ、天からのしるしを求めた。イエスをためそうとしたのである。12 イエスは、心の中で深く嘆息して、こう言われた。「なぜ、今の時代はしるしを求めるのか。まことに、あなたがたに告げます。今の時代には、しるしは絶対に与えられません。」13 イエスは彼らを離れて、また舟に乗って向こう岸へ行かれた。

ここにもパリサイ人たちが登場する。イエスに批判的な態度を取る人たちである。「パリサイ人たちがやって来て、イエスに議論をしかけ、天からのしるしを求めた。イエスをためそうとしたのである」(11)と書かれている。だが、彼らはもしかすると読者である私たちの代表なのかもしれない。

イエスは彼らにどういう態度を取られたか。

(1)イエスは嘆息された

「イエスは、心の中で深く嘆息して、…」(12)。私たちもよくため息をつく。イエスも「深く」

ため息をつかれた。ことごとに、イエスに楯突くパリサイ人たち。イエスを頭から疑ってかかったり批判してかかる人たち。こういう敵対者たちの存在に、イエスは平然としておられたのではなく『心の中で深く嘆息』された。すなわち、心を痛められた。敵対者でなくても、兄弟ラザロを失った姉妹、マルタとマリアに対しても、彼女たちが絶望しかけているのをご覧になって心を動かされたことがあった。「イエスは涙を流された」(ヨハネの福音書11章35節)。

(2)しるしを求めた彼らに答えて言われた

「…こう言われた。『なぜ、今の時代はしるしを求めるのか。まことに、あなたがたに告げます。今の時代には、しるしは絶対に与えられません』」(12)。パリサイ人たちが期待したり要求したりしているようなしるしは「絶対に」与えられない、ときっぱり答えられた。信者獲得をはかるこの世の宗教は「しるし」を安易に提供しようとする。「しるし」を売りにするのが時代の習わしである。イエスは「しるし」にではなくご自身に目を向けること、「しるし」を信じるのではなくご自身を信じることを望まれる。群衆がイエスに従ってどう働いたらよいのかと訊ねたことがあった。「彼らはイエスに言った。『私たちは、神のわざを行うために、何をすべきでしょうか。』イエスは答えて言われた。『あなたがたが、神が遣わした者を信じること、それが神のわざです。』」(ヨハネの福音書6章28~29節)。

(3)イエスは彼らから離れて行かれた

「イエスは彼らを離れて、また舟に乗って向こう岸へ行かれた」(13)。イエスは彼らを避けられたのだろうか。あるいは彼らを見放されたのだろうか。否、彼らが頭ごなしの批判や要求を捨てて、自分からイエスに従う時の来るのを待とうとされた。エマオの途上でふたりの弟子と語られた後「イエスはまだ先へ行きそうなご様子であった」（ルカの福音書24章28節）という印象的な記事が残った。ふたりはお引きとめした。

参考：讃美歌39「主よ、ともに宿りませ」。

２０１７年６月11日

「まだわからないのか」8章14～21節

14弟子たちは、パンを持って来るのを忘れ、舟の中には、パンがただ一つしかなかった。15
そのとき、イエスは彼らに命じて言われた。「パリサイ人のパン種とヘロデのパン種とに十
分気をつけなさい。」16そこで弟子たちは、パンを持っていないということで、互いに議論
し始めた。17それに気づいてイエスは言われた。「なぜ、パンがないといって議論している
のですか。まだわからないのですか、悟らないのですか。心が堅く閉じているのですか。18
目がありながら見えないのですか。耳がありながら聞こえないのですか。あなたがたは、覚
えていないのですか。19わたしが五千人に五つのパンを裂いて上げたとき、パン切れを取
り集めて、幾つのかごがいっぱいになりましたか。」彼らは答えた。「十二です。」20「四千
人に七つのパンを裂いて上げたときは、パン切れを取り集めて幾つのかごがいっぱいにな
りましたか。」彼らは答えた。「七つです。」21イエスは言われた。「まだ悟らないのですか。」

群衆からしばし離れて（13）、イエスはここで弟子たちとだけの時を持たれた。ここには弟子たちのありのままの姿と、イエスが弟子たちと親しく接しながら育まれた様子が描かれている。

⑴パンを忘れた弟子たち

「弟子たちは、パンを持って来るのを忘れ、舟の中には、パンがただ一つしかなかった」（14）。イエスが弟子たちを用いて四千人もの人々を食べさせなさった出来事の直後である。パリサイ人たちの非難に出会ってのやりとり（11〜12）があったものの、弟子たちの心には大きな感動と興奮が残っていたに違いない。それにもかかわらず、あるいはそれだからこそ、かもしれないが、弟子たちは残ったパンを忘れて舟に乗って来てしまった。「人々は食べて満腹した。そして余りのパン切れを七つのかごに取り集めた」（8）のだったが、それも実はイエスのご配慮からの指示によることであったのに（ヨハネの福音書6章12節参照）、弟子たちはそれを持って来るのを忘れた。大きな忘れ物をしたと言うほかない。

⑵議論を始めた弟子たち

「そこで弟子たちは、パンを持っていないということで、互いに論議し始めた」（16）。だれの責任か、と論じ合ったと思われる。食べ物を忘れるのはたしかに大きな問題であったにせよ、弟子たちの心はそのことで一杯になってしまった。イエスはその時ふしぎなことを言い出された。「彼らに命じて言われた。『パリサイ人のパン種とヘロデのパン種とに十分気をつけなさい』」（15）。食べ物以上に大事なことがあり、イエスは彼らの失敗をとがめることよりも、そのことを弟子たちに教えようとされた。弟子たちはうわの空でイエスのおことばを聞き、論議にいそがしくした。物事を忘れたり、失敗の多い私たち。だがそれ以上に大事なことがある。『どうしても必要なことはわずかです。いや、一つだけです』（ルカの福音書10章42節）と言われたイエスに、聞く耳を持つ必要がある。

(3) わからない弟子たち

『なぜ、パンがないといって議論しているのですか。まだわからないのですか、悟らないのですか。心が堅く閉じているのですか。目がありながら見えないのですか。耳がありながら聞こえないのですか』（17～18）。弟子たちだけでなく、私たちもイエスから同じことを言われているのではないだろうか。イエスはあの大ぜいの人々になさったこと（6章41～44節、8章6～9節）を思い出させ（19～20）、『まだ悟らないのですか』（20）と重ねて言われた。必要はすべて与えられること、すべて必要を満たしてくださる方ご自身を、わかる必要がある。

２０１７年６月18日

「何か見えるか」8章22～26節

22 彼らはベツサイダに着いた。すると人々が盲人を連れて来て、彼にさわってくださるよう、イエスに願った。23 イエスは盲人の手を取って村の外に連れて行かれた。そしてその両目につばきをつけ、両手を彼に当てて「何か見えるか」と聞かれた。24 すると彼は、見えるようになって、「人が見えます。木のようですが、歩いているのが見えます」と言った。
25 それから、イエスはもう一度彼の両目に両手を当てられた。そして、彼が見つめていると、すっかり直り、すべてのものがはっきり見えるようになった。
26 そこでイエスは、彼を家に帰し、「村に入って行かないように」と言われた。

ここにはイエスのなさった一つの奇跡がしるされている。イエスのところに連れて来られた盲人が、たちまち見えるようになり、次第にすっかり直り、はっきり見えるようになった。イエスのところに行くなら、私たちにも同じことが起こると期待できるのではないだろうか。

イエスは何をされたか。

(1)彼ひとりに手を触れてくださった

「イエスは盲人の手を取って村の外に連れて行かれた。そしてその両目につばきをつけ、両手を彼に当てて…」(23)。

旧約聖書の預言として「そのとき、目の見えない者の目は開き、耳の聞こえない者の耳はあく」(イザヤ書35章5節)と言われた。イエスが来られ「そのとき」が来たのである。イエスは求めに応じてこの盲人の目をも開かれた。「つばきをつけ、両手を当てて」、喜んで、積極的に、直ぐに、そのことをなさった(23)。

(2)「何か見えるか」と、自分の目で見るように命じられた

「…『何か見えるか』と聞かれた」(23)。目を造られた方は、自分の目で見る能力をも下さっ

た。聖書に繰り返し出てくる「見よ」という句も、単なる飾りことばでなく、目を見開いて見ることを促している。「目がありながら、見えないのですか」（18）とも主は言われていた。目の見えない者の目を開き、自分で見ることの出来るように、主はしてくださる。

(3)見えるようになった彼の目にもう一度、手を触れてくださった

「すると彼は、見えるようになって、『人が見えます。木のようですが、歩いているのが見えます』と言った。それから、イエスはもう一度彼の両目に両手を当てられた。そして、彼が見つめていると、すっかり直り、すべてのものがはっきり見えるようになった」（24〜25）。

主に開かれた目で見ることを始めると、次第に見えるようになり、見続けているうちにますます見えるようになり、ついにはすっかり見えるようになった。

「いやしには段階がある」ということが証しされた。「もう一度」とあるように主はなんどでも、繰り返し、私たちに触れてくださる。私たちのからだは弱く、あるいは年老いて衰えることがあろうとも、主と交わることによって、かえってますますいやされ、日々に強くされて行く、と信じることができる。「ですから、私たちは勇気を失いません。たとい私たちの外なる人は衰えても、内なる人は日々に新たにされています」（コリント人への手紙第二4章16節）。「日々に新たにされ」、「目がありながら」見えていなかった私たちに「すべてのものがはっきり見えるようになった」と言える時が来る。主イエスによって。

２０１７年7月2日

「わたしをだれだと」8章27〜30節

27 それから、イエスは弟子たちとピリポ・カイザリヤの村々へ出かけられた。その途中、イエスは弟子たちに尋ねて言われた。「人々はわたしをだれだと言っていますか。」28 彼らは答えて言った。「バプテスマのヨハネだと言っています。エリヤだと言う人も、また預言者のひとりだと言う人もいます。」29 するとイエスは、彼らに尋ねられた。「では、あなたがたは、わたしをだれだと言いますか。」ペテロが答えてイエスに言った。「あなたは、キリストです。」30 するとイエスは、自分のことをだれにも言わないようにと、彼らを戒められた。

マルコの福音書のほぼ真ん中に位置するこの箇所に、本書の前半部分を締めくくる重要な質問がイエスご自身の口から出される。この福音書全体の一つのハイライトと言える内容の記事。それは、イエスと弟子たちとの間に交わされた対話である。

(1) イエスの質問

「人々はわたしをだれだと言っていますか」(27)。

イエスはこれまでの宣教を振り返り、人々の反応を弟子たちに確かめられることをされた。しかし、目に見える人数などの成果ではなく、あくまでも人々の福音理解に関心を置かれての質問だった。福音宣教の目的がどこにあるのかを、このイエスのお言葉からわきまえる必要がある。

(2)弟子たちの答え

『バプテスマのヨハネだと言っています。エリヤだと言う人も、また預言者のひとりだと言う人もいます』(28)。

人々のイエスに対する一般的な評価には、ほとんど進歩が見られなかったことが、先立つ記事とくらべてみて知ることができる（6章14〜15節）。弟子たちにも、もどかしく、焦りに似た気持ちがあったかもしれない。

(3)イエスの再度の質問

『では、あなたがたは、わたしをだれだと言いますか』(29)。

だがイエスは弟子たち自身の理解と評価により深い関心を持っておられ、質問の矛先を弟子たちに向けられる。他の人々のことや一般論でなく、「では、あなたがたは…」と。ほかならぬ私たち自身に、イエスが最大の関心を向けておられると、知るべきである。

(4)ペテロの答え

『あなたは、キリストです』(29)。

ペテロは弟子たちを代表して、率先して、答えた。愛すべきペテロの性格。何という明確で、シンプルな答え。マルコの福音書には、この明確な信仰告白が、冒頭の表題（1章1節）、この箇所、そして末尾の十字架のクライマックス場面（15章39節）、と三回出てくる。

(5)イエスの戒めの一言

『するとイエスは、自分のことをだれにも言わないようにと、彼らを戒められた』(30)。7章36節と同じ一言。

２０１７年７月９日

「自分の十字架を負い」8章31〜38節

31 それから、人の子は必ず多くの苦しみを受け、長老、祭司長、律法学者たちに捨てられ、殺され、三日の後によみがえらなければならないと、弟子たちに教え始められた。32 しかも、はっきりとこの事がらを話された。するとペテロは、イエスをわきにお連れして、いさめ始めた。33 しかし、イエスは振り向いて、弟子たちを見ながら、ペテロをしかって言われた。「下がれ。サタン。あなたは神のことを思わないで、人のことを思っている。」34 それから、イエスは群衆を弟子たちといっしょに呼び寄せて、彼らに言われた。「だれでもわたしについて来たいと思うなら、自分を捨て、自分の十字架を負い、そしてわたしについて来なさい。35 いのちを救おうと思う者はそれを失い、わたしと福音とのためにいのちを失う者はそれを救うのです。36 人は、たとい全世界を得ても、いのちを損じたら、何の得がありましょう。37 自分のいのちを買い戻すために、人はいったい何を差し出すことができるでしょう。38 このような姦淫と罪の時代にあって、わたしとわたしのことばを恥じるような者なら、人の子も、父の栄光を帯びて聖なる御使いたちとともに来るときには、そのような人のことを恥じます。」

「ペテロの信仰告白」の記事（8章27～30節）に続いて、イエスはご自身の上に起ころうとしていることをはっきりと弟子たちに打ち明けられ、当惑する弟子たちをお叱りになった上で（31～33）、弟子たちと群衆に親しくおことばをかけられた（34～38）。それはまず、次の招きのことばで始まった。「だれでもわたしについて来たいと思うなら、自分を捨て、自分の十字架を負い、そしてわたしについて来なさい」（34）。このおことばの一つ一つに耳を傾けよう。

まず、「自分を捨て」と言われた。続けて言われたのは「自分の十字架を負い」だった。ただ「捨てる」のではない。代わりに「負う」ものがあるので捨てるのである。自分の十字架を負うために自分を捨てる。日々に「自分を捨て、自分の十字架を負い」続ける。では「自分の十字架」とは何なのか。十字架とは死刑の道具である。十字架を負うというのはただごとではない。自分が死刑につけられる十字架を負うというのはさらに異常なこと。しかもイエスは誰かが負うべき十字架を「自分の十字架」として負われた。驚くべきことである。それゆえ、「自分の十字架を負い」とイエスが言われたことの意味と秘訣を、私たちはイエスご自身から学ぶ以外に方法はない。

(1)イエスは自分の十字架を負うことを謙遜の極みとして実行された。

「キリストは神の御姿である方なのに、神のあり方を捨てられないとは考えず、ご自分を無にして、仕える者の姿をとり、人間と同じようになられました。人としての性質を持って現れ、自分を卑しくし、死にまで従い、実に十字架の死にまでも従われました」（ピリピ人への手紙2章6～8節）。

(2)イエスは謙遜そのものである神がこの謙遜を喜ばれると知っておられた。

「それゆえ神は、この方を高く上げて、すべての名にまさる名をお与えになりました」（ピリピ人への手紙2章9節）。

(3)イエスは自分の十字架を負うことの喜びを知っておられた。

「イエスは、ご自分の前に置かれた喜びのゆえに、はずかしめをものともせずに十字架を忍び、神の御座の右に着座されました」（ヘブル人への手紙12章2節）。

イエスは同じことをご自分に「ついて来たい」と思う者たちにも望まれた。それはだれかが負うべき十字架を日々「自分の十字架」として負うという驚くべきことが①謙遜そのものの行為であり、②神に喜ばれることであり、③自分にとっても喜びであり、それを「ついて来たい」と思う者にも学び知ってほしいと思われたからである。「それは、神に喜ばれることです。あなたがたが召されたのは、実にそのためです」（ペテロの手紙第一2章20～21節）。

２０１７年7月16日

「自分を捨て」8章31～38節

[31]それから、人の子は必ず多くの苦しみを受け、長老、祭司長、律法学者たちに捨てられ、
殺され、三日の後によみがえらなければならないと、弟子たちに教え始められた。[32]しか
も、はっきりとこの事がらを話された。するとペテロは、イエスをわきにお連れして、い
さめ始めた。[33]しかし、イエスは振り向いて、弟子たちを見ながら、ペテロをしかって言
われた。「下がれ。サタン。あなたは神のことを思わないで、人のことを思っている。」[34]
それから、イエスは群衆を弟子たちといっしょに呼び寄せて、彼らに言われた。「だれでも
わたしについて来たいと思うなら、自分を捨て、自分の十字架を負い、そしてわたしにつ
いて来なさい。[35]いのちを救おうと思う者はそれを失い、わたしと福音とのためにいのち
を失う者はそれを救うのです。[36]人は、たとい全世界を得ても、いのちを損じたら、何の
得がありましょう。[37]自分のいのちを買い戻すために、人はいったい何を差し出すことが
できるでしょう。[38]このような姦淫と罪の時代にあって、わたしとわたしのことばを恥じ
るような者なら、人の子も、父の栄光を帯びて聖なる御使いたちとともに来るときには、そ
のような人のことを恥じます。」

「ペテロの信仰告白」の記事（8章27～30節）に続いて、

(1)イエスはご自分に起こることを予告した

「それから、人の子は必ず多くの苦しみを受け、長老、祭司長、律法学者たちに捨てられ、殺され、三日の後によみがえらなければならないと、弟子たちに教え始められた。しかも、はっきりとこの事がらを話された」（31～32）。

(2)ペテロはイエスをいさめた

「するとペテロは、イエスをわきにお連れして、いさめ始めた」（32）。

(3)イエスはペテロをしかった

「しかし、イエスは振り向いて、弟子たちを見ながら、ペテロをしかって言われた。『下がれ。サタン。あなたは神のことを思わないで、人のことを思っている。』」（33）。

こうしたやりとりの後、イエスは弟子たち、すなわち「わたし（イエス）について来たいと思う者たち」に教えられた。「それから、イエスは群衆を弟子たちといっしょに呼び寄せて、彼らに言われた。…」「だれでもわたしについて来たいと思うなら、自分を捨て、自分の十字架を負い、そしてわたしについて来なさい」（34）。

イエスの口から出た教えは、驚くべきものであった。イエスが予告されたご自分のたどろうとしておられた「道」と、ここで教えられた「弟子の道」は、弟子たちの予測に反してきびしいものであった。だが、それは「キリストとしての権威ある命令」であると同時に、「招きのことば」でもあった。このとき、イエスは「群衆を弟子たちといっしょに呼び寄せて、彼らに言われた」のであり、しかも「だれでも」と広く呼びかけられたことばであったことを見逃してはならない。弟子たちが驚きとともに聞いたその同じことばを、これは自分たちにも向けられた熱いお心からの招きとして聞き取った者も、群衆の中にはいたにちがいない。
それゆえ、改めてこの主のおことばを、先入観なしに聴くことにしよう。
「自分を捨て、自分の十字架を負い、そしてわたしについて来なさい」(34)
①まず、「自分を捨て」…と主は言われた。「自分を捨てる」のでなく、「自分のいのちを救おうと思う」(35)のが世の常、人の常である。
②「捨てる」という原語の意味は「ノーと言う」である。自分のいのちを救おうとする生き方に「ノー」を言い、自分で自分を救うことをやめることである。
③「自分を捨てる」ことをなさったイエスご自身にならうことにほかならない。

2017年7月23日

「そしてわたしについて来なさい」8章31～38節

31 それから、人の子は必ず多くの苦しみを受け、長老、祭司長、律法学者たちに捨てられ、殺され、三日の後によみがえらなければならないと、弟子たちに教え始められた。32 しかも、はっきりとこの事がらを話された。するとペテロは、イエスをわきにお連れして、いさめ始めた。33 しかし、イエスは振り向いて、弟子たちを見ながら、ペテロをしかって言われた。「下がれ。サタン。あなたは神のことを思わないで、人のことを思っている。」34

それから、イエスは群衆を弟子たちといっしょに呼び寄せて、彼らに言われた。「だれでもわたしについて来たいと思うなら、自分を捨て、自分の十字架を負い、そしてわたしについて来なさい。[35]いのちを救おうと思う者はそれを失い、わたしと福音とのためにいのちを失う者はそれを救うのです。[36]人は、たとい全世界を得ても、いのちを損じたら、何の得がありましょう。[37]自分のいのちを買い戻すために、人はいったい何を差し出すことができるでしょう。[38]このような姦淫と罪の時代にあって、わたしとわたしのことばを恥じるような者なら、人の子も、父の栄光を帯びて聖なる御使いたちとともに来るときには、そのような人のことを恥じます。」

ペテロによって代表される弟子たちの信仰、それは「あなたは、キリストです」という、イエスをキリスト（神の子）と告白することのできた、正当で純粋なものに違いなかったが、同時に未熟なものであったことも、イエスとのやりとりの中で露呈した。だが、大事なことはイエスが彼らをその未熟さのゆえに軽んじることをなさらずに、弟子たちを取り巻く群衆をも含めて、招きのことばをかけることによって、彼らを広く受け入れておられたことが明らかにされた、という事実である。

「だれでもわたしについて来たいと思うなら、自分を捨て、自分の十字架を負い、そしてわたしについて来なさい」（34）。

まず「自分を捨て」と言われた。続けて「自分の十字架を負い」と言われ、「そしてわたしについて来なさい」。と、主は彼らへの招きのことばを結ばれたのである。このイエスのおことばは一つの円環をなしている。「わたしについて来たいと思うなら、…わたしについて来なさい」。弟子たちであれ、群衆であれ、たといその思いがまだほんの芽生えのようであり未熟そのものであろうとも、イエスについて行きたいと思う者すべてを、イエスご自身が、受け入れ、励ましてくださる。自分を捨て、自分の十字架を負うということも、まだよくわかっておらず、たどたどしい仕方でしか出来なくてもよろしい。わたしについて来なさい。そうすればわかる。いつのまにか、自分を捨て、自分の十字架を負うことも出来るようになる。

35〜38節のおことばでイエスはご自分について来ようと思う者たちを励まされる。

①「いのちを救おうと思う者」とは、イエスについて行くことをしないで自分で自分のいのちを救おうとする者。その結果は自分の命を失うことになる。

②「(わたしと福音のために)自分のいのちを失う者」とは、ほかならぬイエスについて行くことを選び、自分を捨て、自分の十字架を負う道を歩む人たち。その結果は自分のいのちを救うことになる。

③「人は、たとい全世界を得ても、いのちを損じたら、何の得があるか…」と言うほどに、いのちの値うちは測り知れない。「わたしについて来る」ことは命に関わる問題。「わたしと福音」(35)を選び取りなさい。「わたしとわたしのことば」(38)を恥じるものは恥をこうむる。イエスについて行くことこそが福音であり、イエスと語り合いつつ歩む人生にこそこの世でも永遠の世でも、いのちが約束されている、と私たちは知る必要がある。

「キリスト教信仰を生きるとは、正しい教えに従い、立派な人物の規範に倣うことではない。人となった神、イエス・キリストと、ともに旅路を歩むことである。」―来住英俊『キリスト教は役に立つか』（新潮選書）

2017年8月6日

「御姿が変わる」9章1～8節

1イエスは彼らに言われた。「まことに、あなたがたに告げます。ここに立っている人々の
中には、神の国が力をもって到来しているのを見るまでは、決して死を味わわない者がい
ます。」2それから六日たって、イエスは、ペテロとヤコブとヨハネだけを連れて、高い山
に導いて行かれた。そして彼らの目の前で御姿が変わった。3その御衣は、非常に白く光
り、世のさらし屋では、とてもできないほどの白さであった。4また、エリヤが、モーセ
とともに現れ、彼らはイエスと語り合っていた。5すると、ペテロが口出ししてイエスに
言った。「先生。私たちがここにいることは、すばらしいことです。私たちが、幕屋を三つ
造ります。あなたのために一つ、モーセのために一つ、エリヤのために一つ。」6実のとこ
ろ、ペテロは言うべきことがわからなかったのである。彼らは恐怖に打たれたのであっ
た。7そのとき雲がわき起こってその人々をおおい、雲の中から、「これは、わたしの愛す
る子である。彼の言うことを聞きなさい」と言う声がした。8彼らが急いであたりを見回

すと、自分たちといっしょにいるのはイエスだけで、そこにはもはやだれも見えなかった。

イエスの地上のご生涯のハイライトともいえるこの事件は、高い山の上で三人の弟子が目撃する中で起こった。このときイエスの「御姿が変わった」（2）様子が「その御衣は、非常に白く光り、世のさらし屋では、とてもできないほどの白さであった」（3）と描かれている。この出来事の意義を弟子たちの証言を通して考えたい。

(1)弟子たちに与えられる特権的体験

この出来事は全く主イエス主導の下で起こった。

「イエスは、ペテロとヤコブとヨハネだけを連れて、高い山に導いて行かれた。そして彼らの目の前で御姿が変わった」（2）。イエスははっきりとした意図を持って弟子たちにご自身のほんとうの姿を見せようとされた。この三人を代表とする、ご自身について来たいと思うすべての人に、私たちにも、イエスは時を選んで、ご自身の姿を明らかに示してくださる。

(2)三位一体の神との圧倒的な出会い

このとき、モーセとエリヤが現れたことに弟子たちは仰天したが、二人の登場は聖書のサポートあってのこの出来事であることを、弟子たちに強く印象づけた。聖書こそが、聖書だけが、「三位一体の神」を我々に教える。このときの目撃者の一人ヨハネが、「いまだかつて神を見た者はいない。父のふところにおられるひとり子の神が、神を説き明かされたのである」（ヨハネの福音書1章18節）と証言している。聖書の裏付けの上で、イエスは父なる神を私たちに示される。聖霊を象徴する雲の中から、「『これは、わたしの愛する子である。彼の言うことを聞きなさい』と言う（神の）声がした」（7）。

(3)イエスに対する見方が変わる

この出来事を通して、三人をはじめ弟子たちのイエスに対する見方が変わった。「彼らが急いであたりを見回すと、自分たちといっしょにいるのはイエスだけで、そこにはもはやだれも見えなかった」（8）という描写で、この記事は終わる。すべてを導いてくださるのはイエスであること、たえずイエスに聞くべきであることを、弟子たちは知った。このときの目撃の大きな意義を、ペテロはその手紙に書き残している。「この私たちは、キリストの威光の目撃者なのです。キリストが父なる神から誉れと栄光をお受けになったとき、おごそかな、栄光の神から、こういう御声がかかりました。『これはわたしの愛する子、わたしの喜ぶ者である。』私たちは聖なる山で主イエスとともにいたので、天からかかったこの御声を、自分自身で聞いたのです」（ペテロの手紙第二1章16〜18節）。

2017年8月20日

「死人の中からよみがえる」9章9〜13節

9さて、山を降りながら、イエスは彼らに、人の子が死人の中からよみがえるときまでは、いま見たことをだれにも話してはならない、と特に命じられた。10そこで彼らは、そのおことばを心に堅く留め、死人の中からよみがえると言われたことはどういう意味かを論じ合った。[11]彼らはイエスに尋ねて言った。「律法学者たちは、まずエリヤが来るはずだと言っていますが、それはなぜでしょうか。」[12]イエスは言われた。「エリヤがまず来て、すべてのことを立て直します。では、人の子について、多くの苦しみを受け、さげすまれると書いてあるのは、どうしてなのですか。[13]しかし、あなたがたに告げます。エリヤはもう来たのです。そして人々は、彼について書いてあるとおりに、好き勝手なことを彼にしたのです。」

イエスのお姿が変わった「変貌山」から降りて来ながら、イエスは弟子たちに「いま見たことをだれにも話してはならない」と強くお命じになった(9)。弟子たちが「いま見たこと」の意義がわかっていなかったから。だがそれは同時に「その時が来れば、すべてがわかる」ことが暗示されたのである。事実、イエスが復活された後、例えばペテロは「私たちは、キリストの威光の目撃者なのです」(ペテロの手紙第二1章16節)とはっきり言及した。

(1)イエスはご自分が「死人の中からよみがえる」ことにはっきり言及された。

イエスの栄光に輝くお姿をまのあたりにした弟子たちに、まるで水をさすかのような一言を、イエスは言われた。「しばらくの間は」ではなく、「人の子が死人の中からよみがえるときまでは」だれにも話すな、と言われたのである。ご自分が「死人の中からよみがえる」ことを敢えて強調された点に要注目。

(2)弟子たちは「死人の中からよみがえる」ことがわからないままそのおことばを心に留めた。

「そこで彼らは、そのおことばを心に堅く留め」(10)。弟子たちは「無学な普通の人」(使徒の働き4章13節)であったがイエスのおことばを心に留めることをした。それが弟子たる者の特長であると言える。母マリヤにもそれが見られた。「両親には、イエスの話されたことばの意味がわからなかった。…母はこれらのことをみな、心に留めておいた」(ルカの福音書2章50～51節)

弟子たちはその上で、心にある疑問をイエスにそのままに質問した。それも、弟子たちのほめられる点であると言えよう。

(3)弟子たちの質問に答えてイエスはエリヤでなくご自身に、ご自身の死と、「死人の中からよみがえる」ことに、目を向けることをうながされた。

「彼らはイエスに尋ねて言った。『律法学者たちは、まずエリヤが来るはずだと言っていますが、それはなぜでしょうか。』(11)イエスは言われた。『エリヤがまず来て、すべてのことを立て直します。…しかし、あなたがたに告げます。エリヤはもう来たのです』(12～13)。イエスはいつもていねいに答えてくださる。愚かと見える質問にも、人のことばが気になっての質問にも。そして事柄の核心へと聞く者を導かれる。「では、人の子について、多くの苦しみを受け、さげすまれると書いてあるのは、どうしてなのですか。…人々は彼(エリヤ)について書いてあるとおりに、好き勝手なことを彼にしたのです」(同)。ご自分が十字架で死ぬことと、「死人の中からよみがえる」ことへと。

2017年8月27日

「ああ、不信仰な世だ」9章14〜19節

14 さて、彼らが、弟子たちのところに帰って来て、見ると、その回りに大ぜいの人の群れがおり、また、律法学者たちが弟子たちと論じ合っていた。15 そしてすぐ、群衆はみな、イエスを見ると驚き、走り寄って来て、あいさつをした。16 イエスは彼らに、「あなたがたは弟子たちと何を議論しているのですか」と聞かれた。17 すると群衆のひとりが、イエスに答えて言った。「先生。口をきけなくする霊につかれた私の息子を、先生のところに連れて来ました。18 その霊が息子にとりつくと、所かまわず彼を押し倒します。そして彼はあわを吹き、歯ぎしりして、からだをこわばらせます。それでお弟子たちに、霊を追い出すよう願ったのですが、できませんでした。」19 イエスは答えて言われた。「ああ、不信仰な世だ。いつまであなたがたといっしょにいなければならないのでしょう。いつまであなたがたにがまんしていなければならないのでしょう。その子をわたしのところに連れて来なさい。」

神の御子イエスが、世を救うために地上に来られ歩まれた三年半のご生涯の中で深い嘆きのお気持ちを表わされたいくつかのおことばが思い出される。その一つがこの箇所での『ああ、不信仰な世だ』であり、また、兄弟ラザロをなくした姉妹マルタに言われた『もしあなたが信じるなら、あなたは神の栄光を見る、とわたしは言ったではありませんか』（ヨハネの福音書11章40節）で

あり、さらに、「エルサレムに近くなったころ、都を見られたイエスは、その都のために泣いて、言われた。『おまえも、もし、この日のうちに、平和のことを知っていたのなら。しかし今は、そのことがおまえの目から隠されている』」（ルカの福音書19章41～42節）である。

『ああ、不信仰な世だ』（19）とイエスに言わせたのは、だれだったのだろう。ここでイエスの前にいたのは、

①「大ぜいの人」（14）であり、

②論じ合っていた「弟子たち」（同）であり、

③「律法学者たち」（同）であった。

イエスが山から三人の弟子とともに帰って来てみると、①「群衆はみな、イエスを見ると驚き、走り寄って来て、あいさつをした」（15）。②弟子たちは群衆に取り囲まれていて何らなすところがなく、③律法学者たちは、いつものように批判的な態度で「弟子たちと論じ合っていた」（14）。

イエスの質問に対する群衆のひとりの説明では、霊につかれた息子を連れて来た父親が、イエスがいなかったので弟子たちに助けを求めたが、弟子たちには何もできなかった。そのとき言われたのがあのおことばであった。今の世は「罪の世」と呼ばれざるを得ない。だが、イエスがご覧になるところ、それは「不信仰の世」である。群衆のなかにはイエスへの信仰にめざめた者たちもいた。だから大ぜいの人の群れが、イエスのところにやって来ていた。弟子たちはイエスに見いだされ、信じてお従いして来た者たち。だが、彼らのその信仰はまだ「働く信

仰」「本物の信仰」とはなり得ていなかった。律法学者たちの多くもその実態は不信仰者であった。イエスは弟子たちをも含めたこの「不信仰な世」を嘆かれたのである。だが、ある注解者が言っているように「山を下ったイエスは再び『不信仰な世』と向き合う」。イエスは不信仰な世から人を救うためにこそ、来られたのである。後に、ペテロも弟子たちを代表してこう言うことができた。「この曲がった時代から救われなさい」（使徒の働き2章40節）。このときも、イエスは「ああ、不信仰な世だ。いつまであなたがたといっしょにいなければならないのでしょう。いつまであなたがたにがまんしていなければならないのでしょう」と嘆かれながら、「その子をわたしのところに連れて来なさい」と言われた（19）。ここに救いがある。イエスは人を救う権威ある方としてご自分を現わされる。

２０１７年９月３日

「不信仰な私をお助けください」 9章20～29節

[20]そこで、人々はイエスのところにその子を連れて来た。その子がイエスを見ると、霊はすぐに彼をひきつけさせたので、彼は地面に倒れ、あわを吹きながら、ころげ回った。[21]イエスはその子の父親に尋ねられた。「この子がこんなになってから、どのくらいになりますか。」父親は言った。「幼い時からです。[22]この霊は、彼を滅ぼそうとして、何度も火の中や水の中に投げ込みました。ただ、もし、おできになるものなら、私たちをあわれんで、

お助けください。」[23]するとイエスは言われた。「できるものなら、と言うのか。信じる者
には、どんなことでもできるのです。」[24]するとすぐに、その子の父は叫んで言った。「信
じます。不信仰な私をお助けください。」[25]イエスは、群衆が駆けつけるのをご覧になると、
汚れた霊をしかって言われた。「口をきけなくし、耳を聞こえなくする霊。わたしがおまえ
に命じる。この子から出て行け。二度とこの子に入るな。」[26]するとその霊は、叫び声をあ
げ、その子を激しくひきつけさせて、出て行った。するとその子が死人のようになったの
で、多くの人々は、「この子は死んでしまった」と言った。[27]しかし、イエスは、彼の手を
取って起こされた。するとその子は立ち上がった。[28]イエスが家に入られると、弟子たち
がそっとイエスに尋ねた。「どうしてでしょう。私たちには追い出せなかったのですが。」[29]
するとイエスは言われた。「この種のものは、祈りによらなければ、何によっても追い出せ
るものではありません。」

ここでひとりの父親に起こったことは、私たちに「信仰とは何か」を教える。

この父親に何が起こったのか。

(1)イエスのところに来た。

『口をきけなくする霊につかれた私の息子を、先生のところに連れて来ました』(17)。それははっきりとした信仰とは言えなかったとしても、信仰につながる行為だった。そこからすべては始まった。

(2)イエスに打ち明けた。

『その霊が息子にとりつくと、所かまわず彼を押し倒します。そして彼はあわを吹き、歯ぎしりして、からだをこわばらせます。それでお弟子たちに、霊を追い出すように願ったのですが、できませんでした』(18)。『…幼い時からです。この霊は、彼を滅ぼそうとして、何度も火の中や水の中に投げ込みました』(22)。

(3)イエスに助けを求め、信仰を告白した。

『もし、おできになるものなら、私たちをあわれんで、お助けください』(22)。『信じます。不信仰な私をお助けください』(24)。

この父親に対してイエスは、『口をきけなくし、耳を聞こえなくする霊、わたしがおまえに命じる。この子から出て行け。二度とこの子に入るな』(25)と言われた。その結果は、「イエスは、彼の手を取って起こされた。するとその子は立ち上がった」(27)。だが、そのすべてはイエスにうながされて起こったのであった。

(1)『その子をわたしのところに連れて来なさい』(19)。

(2)『この子がこんなになってから、どのくらいになりますか』(21)。

(3)『できるものなら、と言うのか。信じる者には、どんなこともできるのです』(23)。

イエスはご自分のところに来るものに信仰をうながされ、信仰を持つようにされる。三つのことが言える。

①信仰とは私たちが持ち合わせているようなものではない。

（父親は自分には信仰がないことに気づき、不信仰な自分であることを自覚した）
②自分のうちに貯えておけるようなものではない。
（弟子たちは『どうしてでしょう。私たちには追い出せなかったのですが』（28）と信仰が役に立たなかったことに気づかされた）
③信仰は神につながらなければ働かず、そこには、祈りが必要である。
（「イエスは言われた。『…祈りによらなければ…』」（29）。）

２０１７年9月10日

「みなに仕える者となりなさい」9章30〜37節

30さて、一行はそこを去って、ガリラヤを通って行った。イエスは、人に知られたくない
と思われた。31それは、イエスは弟子たちを教えて、「人の子は人々の手に引き渡され、彼
らはこれを殺す。しかし、殺されて、三日の後に、人の子はよみがえる」と話しておられ
たからである。32しかし、弟子たちは、このみことばが理解できなかった。また、イエス
に尋ねるのを恐れていた。33カペナウムに着いた。イエスは、家に入った後、弟子たちに
質問された。「道で何を論じ合っていたのですか。」34彼らは黙っていた。道々、だれが一
番偉いかと論じ合っていたからである。35イエスはおすわりになり、十二弟子を呼んで、言
われた。「だれでも人の先に立ちたいと思うなら、みなのしんがりとなり、みなに仕える者

となりなさい。」[36]それから、イエスは、ひとりの子どもを連れて来て、彼らの真ん中に立たせ、腕に抱き寄せて、彼らに言われた。[37]「だれでも、このような幼子たちのひとりを、わたしの名のゆえに受け入れるならば、わたしを受け入れるのです。また、だれでも、わたしを受け入れるならば、わたしを受け入れるのではなく、わたしを遣わされた方を受け入れるのです。」

高い山での「変貌（へんぼう）」の出来事と、それに続く「霊にとりつかれた息子を連れて来た父親」とのやりとりの後、イエスと弟子の一行はガリラヤに向かった。こんどはイエスと弟子たちの間に会話が交わされる。

(1)イエスの教え（30〜32）

「イエスは弟子たちを教えて、『人の子は人々の手に引き渡され、彼らはこれを殺す。しかし、殺されて、三日の後に、人の子はよみがえる』と」話された。「しかし、弟子たちは、このみことばが理解できなかった。また、イエスに尋ねるのを恐れていた」。弟子たちには理解できないイエスのおことばがあった。私たちも同様である。

理解できなくても弟子たちはイエスに従ったが、理解できないために弟子たちの関心や会話はたびたび脇道へそれた。

(2)論じ合う弟子たち（33〜34）

脇道にそれて論じ合う弟子たちに対して、「イエスは、家に入った後、弟子たちに質問された。

『道で何を論じ合っていたのですか』。彼らは黙っていた。道々、だれが一番偉いかと論じ合っていたからである」。弟子たちは自分たちの会話が実は愚にもつかぬものであることに気づいてもいたし、それをイエスに知られるのを恥じていた。

(3)イエスのおことば(35)

「イエスはおすわりになり、十二弟子を呼んで、言われた。『だれでも人の先に立ちたいと思うなら、みなのしんがりとなり、みなに仕える者となりなさい』」。イエスの教えをすぐには理解できないでいた弟子たちに、イエスは、この際、弟子のあり方の基本(あるいは初歩)をわきまえさせようとなさった。実は、この「みなに仕える者となる」生き方こそが、イエスご自身の姿であった。

(4)イエスのもう一言(36〜37)

「それから、イエスは、ひとりの子どもを連れて来て、彼らの真ん中に立たせ、腕に抱き寄せて、彼らに言われた。『だれでも、このような幼子たちのひとりを、わたしの名のゆえに受け入れるならば、わたしを受け入れるのです。また、だれでも、わたしを受け入れるならば、わたしを受け入れるのではなく、わたしを遣わされた方を受け入れるのです』」。イエスは、「みなに仕える者となる」姿勢があるなら、「人の先に立ちたいと思う」ゆえに人を押し退けるのではなく、むしろ人を受け入れることができると弟子たちに教えようとされた。たとえその相手が「幼子」であろうとも。

2017年9月17日

「水一杯でも」9章38〜41節

38ヨハネがイエスに言った。「先生。先生の名を唱えて悪霊を追い出している者を見ました
が、私たちの仲間ではないので、やめさせました。」39しかし、イエスは言われた。「やめ
させることはありません。わたしの名を唱えて、力あるわざを行いながら、すぐあとで、わ
たしを悪く言える者はないのです。40わたしたちに反対しない者は、わたしたちの味方で
す。41あなたがたがキリストの弟子だからというので、あなたがたに水一杯でも飲ませて
くれる人は、決して報いを失うことはありません。これは確かなことです。」

ヨハネが（弟子たちを代表して）イエスに言った。「先生。先生の名を唱えて悪霊を追い出している者を見ましたが、私たちの仲間ではないので、やめさせました」。だが、イエスのお考えは違った。「やめさせることはありません」（38〜39）。この箇所でイエスは、だれが「わたしたちの味方」であると言っておられるのか。「わたしたちに反対しない者は、わたしたちの味方です」（40）と言われた。では、イエスと弟子たちに対して「反対しない者」とはどういう人たちのことか。

(1)「わたしの名を唱えて、力あるわざを行っている」人たち。

弟子たちは、イエスの名によって悪霊を追い出している者たちを見た。しかし、彼らが弟子たちの仲間でない、あるいは仲間になろうとしない、と言う理由で、「やめさせた」。弟子たちは彼らを「味方」ではないと決めつけた。けれども、イエスは彼らを「味方」と見ておられた。

なぜなら、彼らはイエスの名によって熱心に働いているのだから。後に、使徒パウロも「あなたがたのすることは、ことばによると行いによるとを問わず、すべて主イエスの名によってなし、主によって父なる神に感謝しなさい」（コロサイ人への手紙3章17節）と教えている。イエスは積極的に、ご自分の名によって働く者たちを、互いに受け入れることを教えられた。仲間と呼び合えないとしても、彼らは反対しているのではない。

(2)「わたしを悪く言わない」人たち。

イエスを何というか。それによってその人のイエスに対する見方がわかる。弟子が「わたしたちの仲間でない」という理由で排除しようとした者も、イエスを悪く言ったりはしなかった。イエスはすべてご自身を好意的に見て、悪く言ったりしようとしない人々に、目を向けておられた。ニコデモしかり。彼はイエスに批判的なパリサイ人の一人ではあったが、彼一人はイエスを尊敬し、仲間たちのようにイエスのことを悪く言ったりはしなかった。（ヨハネの福音書3章、7章参照）。使徒パウロも、いろいろな動機や仕方でイエスを宣べ伝えている者たちさえも受け入れようとする態度をとっていた（ピリピ人への手紙1章15～18節参照）。

(3)「わたしの弟子だからと言うので、あなたがたに水一杯でも飲ませてくれる」人たち。

イエスは、どんな小さなわざであっても、人がご自分の弟子たちに好意を寄せる人たちのことを見逃したりはしない。「まことに、あなたがたに告げます。あなたがたが、これらの…最も小さい者たちのひとりにしたのは、わたしにしたのです」（マタイの福音書25章40節）。彼らのことを、イエスは「わたしたちの味方」とお呼びになる。映画でよく知られるベン・ハーも、そのようなイエスに感動した。

2017年10月1日

「つまずきを除きなさい」9章42～50節

42「また、わたしを信じるこの小さい者たちのひとりにでもつまずきを与えるような者は、
むしろ大きい石臼を首にゆわえつけられて、海に投げ込まれたほうがましです。43もし、あ
なたの手があなたのつまずきとなるなら、それを切り捨てなさい。片手でいのちに入るほ
うが、両手そろっていてゲヘナの消えぬ火の中に落ち込むよりは、あなたにとってよいこ
とです。＊45もし、あなたの足があなたのつまずきとなるなら、それを切り捨てなさい。片
足でいのちに入るほうが、両足そろっていてゲヘナに投げ入れられるよりは、あなたにと
ってよいことです。＊47もし、あなたの目があなたのつまずきを引き起こすのなら、それを
えぐり出しなさい。片目で神の国に入るほうが、両目そろっていてゲヘナに投げ入れられ
るよりは、あなたにとってよいことです。48そこでは、彼らを食ううじは、尽きることが
なく、火は消えることがありません。49すべては、火によって、塩けをつけられるので
す。50塩は、ききめのあるものです。しかし、もし塩に塩けがなくなったら、何によって
塩けを取り戻せましょう。あなたがたは、自分自身のうちに塩けを保ちなさい。そして、互
いに和合して暮らしなさい。」

この箇所で、私たちはイエスの迫力ある驚くべきおことばに出会うことになる。

(1)イエスのご自分を信じる者たちへの驚くほどの愛

「わたしを信じるこの小さい者たちのひとりにでもつまずきを与えるような者は、むしろ大きい石臼を首にゆわえつけられて、海に投げ込まれたほうがましです」(42)。「もし、あなたの手があなたのつまずきとなるなら、それを切り捨てなさい」(43)。「もし、あなたの足があなたのつまずきとなるなら、それを切り捨てなさい」(45)。「もし、あなたの目があなたのつまずきを引き起こすのなら、それをえぐり出しなさい」(47)。弟子たちは自分の仲間でない者を排除しようとした(38)が、イエスは「わたしを信じるこの小さい者たち」と彼らをお呼びになり「わたしたちの味方」(40)としてこれほどまで愛しておられた。わたしたち一人一人をもである。

(2)イエスのおことばの驚くほどのリアリティー　「神の国」と「ゲヘナ」

「片手でいのちに入るほうが、両手そろっていてゲヘナの消えぬ火の中に落ち込むよりは、あなたにとってよいことです」(43)。「片足でいのちに入るほうが、両足そろっていてゲヘナに投げ入れられるよりは、あなたにとってよいことです」(45)。「片目で神の国に入るほうが、両目そろっていてゲヘナに投げ入れられるよりは、あなたにとってよいことです」(47)。「いのちに入る」あるいは「神の国に入る」というおことばが繰り返される。「ゲヘナ」の「消えぬ火の中に落ち込む」あるいは「ゲヘナ」に「投げ入れられる」というおことばも繰り返される。「そこ(ゲヘナ)では、彼らを食ううじは、尽きることがなく、火は消えることがありません」(48)とのゲヘナの描写は異本(別の写本)では44節、46節として繰り返されてもいる。弟子たる者、「神の国に（いのちに）入る」「ゲヘナに落ちる」とのイエスのおことばをよりリアルに、真剣にお聴きすべきである。

(3)塩けの保たれた愛へのイエスの驚くほどの切望

「すべては、火によって、塩けをつけられるのです。塩は、ききめのあるものです。しかし、もし塩に塩けがなくなったら、何によって塩けを取り戻せましょう。あなたがたは、自分自身のうちに塩けを保ちなさい。そして、互いに和合して暮らしなさい」(49～50)。

この時点での弟子たちの愛は、イエスの御目には「塩け」のなくなった愛と見えたのであろうか。「自分自身」が切実な問題である。「互いに和合する」塩けの利いた愛こそが、求められている。イエスはそれを私たちに切望される。

2017年10月8日

「神が結び合わせたもの」10章1～12節

1 イエスは、そこを立って、ユダヤ地方とヨルダンの向こうに行かれた。すると、群衆がまたもみもとに集まって来たので、またいつものように彼らを教えられた。2 すると、パリサイ人たちがみもとにやって来て、夫が妻を離別することは許されるかどうかと質問した。イエスをためそうとしたのである。3 イエスは答えて言われた。「モーセはあなたがたに、何と命じていますか。」4 彼らは言った。「モーセは、離婚状を書いて妻を離別するこ

とを許しました。」[5]イエスは言われた。「モーセは、あなたがたの心がかたくななので、こ
の命令をあなたがたに書いたのです。[6]しかし、創造の初めから、神は、人を男と女に造
られたのです。[7]それゆえ、人はその父と母を離れ、[8]ふたりは一体となるのです。それ
で、もはやふたりではなく、ひとりなのです。[9]こういうわけで、人は、神が結び合わせ
たものを引き離してはなりません。」[10]家に戻った弟子たちが、この問題についてイエスに
尋ねた。[11]そこで、イエスは彼らに言われた。「だれでも、妻を離別して別の女を妻にする
なら、前の妻に対して姦淫を犯すのです。[12]妻も、夫を離別して別の男にとつぐなら、姦
淫を犯しているのです。」

結婚と離婚がここで話題にされているが、ここでは「人は、神が結び合わせたものを引き離してはなりません」（9）とのイエスのおことばに注目する必要がある。

(1) 一番大事なことは「神が結び合わせた」という事実

イエスは結婚の原点に立ち返って考えるように仕向けられた。「創造の初めから、神は、人を男と女に造られたのです。それゆえ、人はその父と母を離れ、ふたりは一体となるのです。それで、もはやふたりではなく、ひとりなのです」（6～8）と。「こういうわけで」と続けて、9節の結論的なおことばで結ばれた。問題が難しくなったときには、「神が結び合わせた」という事実に基づいていると知るべきである。

(2) 一番欠落しやすいことは「神が結び合わせた」という事実の認識

ところが、最重要事であるこのことを、人は忘れやすい。結果としてないがしろにしてしまいやすい。人と人との結びつきそのものだけを重大事と考えやすい。人間関係…それはたしかに重要。コミュニケーションが何より重要、と。だが、それがこわれた場合には、離婚もやむなし、となり、どうしたら離婚を正当化できるか、がここでも話題になっている。「イエスをためそうとしたのである」（2）という、良からぬ動機からではあるが。パリサイ人たちは、モーセの律法を根拠にして議論しており、イエスが問い質されると、「モーセは、離婚状を書いて妻を離別することを許しました」（4）と答えた。イエスはそれに対して「モーセは、あなたがたの心がかたくななので、この命令をあなたがたに書いたのです」（5）と言われた。心のかたくなさ、が問題を深刻にしている。神のほうを向かない、神に立ち返って考えることをしない、そのかたくなさが問題である。「あなたがたは、神の戒めを捨てて、人間の言い伝えを堅く守っている。…自分たちの言い伝えを守るために、よくも神の戒めをないがしろにしたものです」（7章8～9節）ともイエスは言っておられた。なぜ人は原点に立ち返ることを二番目、三番目にしてしまうのか。その「心のかたくなさ」に気づく必要がある。

(3)すべての解決のカギは「神が結び合わせた」事実の再認識（再発見）

だが、イエスがこの議論の中で終始冷静であられ、大事なことを大事なこととしてさとすように教えておられる、そのご態度に、気づくことが大切である。イエスは、心をかたくなにしたまま、自己正当化をはかり、同時にイエスの返答によってはイエスを断罪しようとするパリサイ人に対しても、解決の道を示しておられる。そこにこの問題に対する福音がある。いつでも、人は神の御前に出て（すなわち原点に返って）出直すことが許されている。そこには主のあわれみがある。

2017年10月15日

「子どものように神の国を受け入れる」10章13～16節

13 さて、イエスにさわっていただこうとして、人々が子どもたちを、みもとに連れて来た。ところが、弟子たちは彼らをしかった。14 イエスはそれをご覧になり、憤って、彼らに言われた。「子どもたちを、わたしのところに来させなさい。止めてはいけません。神の国は、このような者たちのものです。15 まことに、あなたがたに告げます。子どものように神の国を受け入れる者でなければ、決してそこに、入ることはできません。」16 そしてイエスは子どもたちを抱き、彼らの上に手を置いて祝福された。

「まことに、あなたがたに告げます。子どものように神の国を受け入れる者でなければ、決してそこに、入ることはできません。」（15）

ここでのイエスの中心メッセージ。イエスが「まことに」という言い出しで何かを言われた場合、それが特に重要なことを言おうとされたと聞く必要がある。

三つのキーワードが、このおことばの中にはある。

(1)受け入れる

「受け入れる」ということこそがカギである。弟子たちはそれができなかった。イエスのところにやって来た子どもたち、子どもたちを連れて来た親たちを、受け入れなかった。受け入れないで、しかった。それをご覧になって、イエスは憤られた。「子どもたちを、わたしのところに来させなさい。止めてはいけません」(14)。子どもたちを受け入れなさい。子どもたちはわたしを受け入れようとやって来たのだ。わたしはこの子どもたちを受け入れる。あなたがたも受け入れなさい、と。イエスを受け入れる。イエスに受け入れられる。それが救いである。

(2)神の国

「神の国は、このような者たちのものです。」(14)と、突然のようにイエスは言い出された。しかも弟子たちに向かって言われた。弟子たちも、神の国はどういうところなのか、まだ教えられる必要があった、ということである。私たち人間にとって、神の国はいわば外国。教えられ、案内される必要がある。だが、かえって子どもたちが、考え過ぎたり迷ったりしないで、まっすぐにイエスのところにやって来て、イエスから「神の国は、このような者たちのものです」(14)と言われた。神の国については、このような子どもたちこそが、先生である。弟子たちも、子どもたちから神の国を学びなさい、とイエスから言われたのに等しい。

(3)子どものように

子どもたちはイエスを受け入れようとやって来た。イエスを受け入れた者は神の国を受け入れたのである。イエスを受け入れた子どもたちを、イエスは「神の国を受け入れる者」(15)の手本として、示された。神の国を受け入れることについては、子どもたちから学びなさい。ニコデモ（ヨハネの福音書3章）のような学者といえども、子どもたちにはかなわなかった。イエスが彼に向かって、「人は、新しく生まれなければ、神の国を見ることはできません」（同3章3節）と言われたとき、イエスはニコデモにも、「子どものように神の国を受け入れる」ことを実は教えられたのだ、と言える。子どものような心を失いかけている私たちにも「御霊によって、新しく生まれ」、子どものようになるという望みがある。

２０１７年10月29日

「何をしたらよいでしょうか」10章17〜22節

17 イエスが道に出て行かれると、ひとりの人が走り寄って、御前にひざまずいて、尋ねた。「尊い先生。永遠のいのちを自分のものとして受けるためには、私は何をしたらよいでしょうか。」 18 イエスは彼に言われた。「なぜ、わたしを『尊い』と言うのですか。尊い方は、神おひとりのほかには、だれもありません。 19 戒めはあなたもよく知っているはずです。『殺してはならない。姦淫してはならない。盗んではならない。偽証を立ててはならない。欺き取ってはならない。父と母を敬え。』」 20 すると、その人はイエスに言った。「先生。私はそのようなことをみな、小さい時から守っております。」 21 イエスは彼を見つめ、その人をいつくしんで言われた。「あなたには、欠けたことが一つあります。帰って、あなたの持ち物をみな売り払い、貧しい人たちに与えなさい。そうすれば、あなたは天に宝を積むことになります。そのうえで、わたしについて来なさい。」[22]すると彼は、このことばに顔を曇らせ、悲しみながら立ち去った。なぜなら、この人は多くの財産を持っていたからである。

この質問は「永遠のいのちを自分のものとして受けるためには」(17)ということばに続いている。それはイエスのところに来た「ひとりの人」の口から出された。

(1)この人はどんな人だったろう。

①関心の高い人。

この人は「永遠のいのち」という問題に関心があった。大事な課題であっても、多くの人はこれを話題にしたりしない。考えることがあっても、なかなか口にはしない。だが、この人には、ほうっておくことの出来ない重大関心事であった。

②かなりわかっている人。

「永遠のいのち」は「受けるもの」とわきまえていた。自分はそれをすでに持っているとは言えず「自分のもの」とする必要があるという切実感を持っていた。考え深い人であり、自分を過信することもしない謙虚な人であったとも言える。

③熱心な人。

イエスのところに「走り寄って」「御前にひざまずいて」質問した。聖書には、「もし、あなたがたが心を尽くしてわたしを探し求めるなら、わたしを見つけるだろう」(エレミヤ書29章13

節）と招かれているが、熱心に求めるのは容易でない。
(2)イエスに会った結果、この人の別の面がわかって来た。
①お世辞の人。
開口一番「尊い先生」とイエスに挨拶した。ニコデモ（ヨハネの福音書3章）の「先生。私たちは、あなたが神のもとから来られた教師であることを知っています。」が思い出される。礼儀をわきまえてはいるがいささかまわりくどい。
②善悪をわきまえている（と思っている）人。
質問に対するイエスの答えは「戒めを守りなさい」（マタイの福音書19章17節）だったが、それはこの人にとって想定内の回答であった。そもそも「尊い先生」（新共同訳「善い先生」）とイエスを呼んだところに、自分は善悪をわきまえている、との自覚が見える。
③自信家。
「私はそのようなことをみな、小さい時から守っております」というのは、この人の自信の表われにほかならない。自分はいい線を行ってる、との自負がある。
(3)だがイエスのおことばを聞いた結果、この人はすごすごと去って行った。
「あなたには、欠けたことが一つあります」とのイエスの一言。自分が戒めを守っていたとは言えなかった点に気づかされ、この人の自信は崩れ落ちた。だが、「イエスは彼を見つめ、その人をいつくしんで」言われたのであった。ここに希望がある。「神を恐れよ。神の命令を守れ」（伝道者の書12章13節）。

２０１７年11月5日

「神にはできる」10章23～31節

[23]イエスは、見回して、弟子たちに言われた。「裕福な者が神の国に入ることは、何とむず
かしいことでしょう。」[24]弟子たちは、イエスのことばに驚いた。しかし、イエスは重ねて、
彼らに答えて言われた。「子たちよ。神の国に入ることは、何とむずかしいことでしょう。[25]
金持ちが神の国に入るよりは、らくだが針の穴を通るほうがもっとやさしい。」[26]弟子たち
は、ますます驚いて互いに言った。「それでは、だれが救われることができるのだろうか。」[27]
イエスは、彼らをじっと見て言われた。「それは人にはできないことですが、神は、そうで
はありません。どんなことでも、神にはできるのです。」[28]ペテロがイエスにこう言い始め
た。「ご覧ください。私たちは、何もかも捨てて、あなたに従ってまいりました。」[29]イエ
スは言われた。「まことに、あなたがたに告げます。わたしのために、また福音のために、
家、兄弟、姉妹、母、父、子、畑を捨てた者で、[30]その百倍を受けない者はありません。今
のこの時代には、家、兄弟、姉妹、母、子、畑を迫害の中で受け、後の世では永遠のいの
ちを受けます。[31]しかし、先の者があとになり、あとの者が先になることが多いのです。」

金持ちの青年の登場（17～22）がここでの、神の国をめぐってのイエスと弟子たちの会話をうながすこととなった。

神の国談義その一（23～27）

(1)イエスは神の国に入ることは「むずかしい」と言われた
「裕福な者が神の国に入ることは、何とむずかしいことでしょう」(23)。「神の国に入ることは、何とむずかしいことでしょう。金持ちが神の国に入るよりは、らくだが針の穴を通るほうがもっとやさしい」(24〜25)。あの青年は「私は何をしたら…」と、自分にはできるとの自負があった。

(2)弟子たちは驚いた
「弟子たちは、イエスのことばに驚いた」(24)。「弟子たちは、ますます驚いて互いに言った。『それでは、だれが救われることができるのだろうか』」(26)。「神の国に入る」ことと「救われる」こととは同義であるとの理解があった。

(3)けれどもイエスは「できる」と言われた
「それは人にはできないことですが、神は、そうではありません。どんなことでも、神にはできるのです」(27)。「自分にはできる」との自負の世界から「神にして頂く」との信仰の世界へ。

神の国談義その二(28〜31)
(1)弟子たち(ペテロ)の質問　私たちはどうなるのでしょうか
「私たちは、何もかも捨てて、あなたに従ってまいりました」(28)。
主イエスは「わたしのくびきを負って、わたしから学び」(マタイの福音書11章29節)、ご自身に従う者たちをお忘れにならない。彼らには「わたしのいる所に、あなたがたもおらせる」(ヨハネの福音書14章3節)とのお約束のことばが向けられる。

(2)イエスの答え　自分を捨ててわたしに従うものは報いを受ける

「わたしのために、また福音のために、家、兄弟、姉妹、母、父、子、畑を捨てた者で、その百倍を受けない者はありません。今のこの時代には、家、兄弟、姉妹、母、子、畑を迫害の中で受け、後の世では永遠のいのちを受けます」(29〜30)。

この世で払う犠牲をはるかに超える報酬が神の国にはある。地上でも天の御国でも。地上では新しい家族、また新しい財産。天の御国では永遠のいのちが。

(3)イエスのコメント　神の国にはこの世とちがう「順番」がある

「しかし、先の者があとになり、あとの者が先になることが多いのです」(31)。

主イエスの言われた「わたしを信じるこの小さい者たち」(9章42節)や、「彼らはあなたがたを、永遠の住まいに迎える」(ルカの福音書16章9節)がヒントとなる。　２０１７年12月３日

「しかし、よみがえります」10章32〜34節

32 さて、一行は、エルサレムに上る途中にあった。イエスは先頭に立って歩いて行かれた。弟子たちは驚き、また、あとについて行く者たちは恐れを覚えた。すると、イエスは再び十二弟子をそばに呼んで、ご自分に起ころうとしていることを、話し始められた。33「さあ、これから、わたしたちはエルサレムに向かって行きます。人の子は、祭司長、律法学者た

ちに引き渡されるのです。彼らは、人の子を死刑に定め、そして、異邦人に引き渡します。[34]すると彼らはあざけり、つばきをかけ、むち打ち、ついに殺します。しかし、人の子は三日の後に、よみがえります。」

この箇所に、もう一つの別の題をつけるとすれば、「エルサレムに上る」となる。

(1)イエスが先頭に立ってエルサレムに向かう。

「先頭に立って歩いて行かれた」(32)というお姿は、羊飼いを連想させる。「わたしは良い牧者です」と言われたことで有名なヨハネの福音書10章には、「彼は自分の羊をその名で呼んで連れ出します。彼は、自分の羊をみな引き出すと、その先頭に立って行きます。すると羊は、彼の声を知っているので、彼について行きます」(ヨハネの福音書10章3〜4節)とある。弟子たちを引き連れて雄々しく歩むイエスのお姿には、頼もしさと迫力がある。

(2)弟子たちは驚き、恐れを覚える。

「弟子たちは驚き、また、あとについて行く者たちは恐れを覚えた」(32)。弟子たちが少なからずたじろいだことが記録されている。正確に言うと、弟子たちのほかにも弟子たちを取り巻くようにして一緒にイエスについて行く者たちもいたらしい。だれの目にもこのときのイエスにはただならぬ気配が感じられた。だれであれ、イエスについて行く中で「たじろぐ」ということはしばしばある。

(3)イエスは弟子たちにこれから起ころうとしていることを話し始める。

「すると、イエスは再び十二弟子をそばに呼んで…」（32）。イエスは尻込みしかねない弟子たちを、「ご自分に起ころうとしていること」（同）を打ち明けることによって励ましてくださる。私たちが「たじろぎ」を覚えるような時こそが大事な時なのである。イエスは心の内に秘めて来ておられた神の特別なご計画を弟子たちに親しく「話し始められた」（同）。

イエスが打ち明けられた話の内容は：

①「これから、わたしたちはエルサレムに向かって行きます」（33）。

エルサレムでは、わたしたちは必ずしも歓迎されない。それどころか、…

②「人の子は、祭司長、律法学者たちに引き渡され…彼らは、人の子を死刑に定め、そして、異邦人に引き渡します。すると彼らはあざけり、つばきをかけ、むち打ち、ついに殺します」（33～34）。

③「しかし、人の子は三日の後に、よみがえります」（34）。

わたしはよみがえる（復活する）。このことを決して忘れないでいなさい。「イエスは死んでよみがえる」…。これこそが神のご目的また励ましなのである。

２０１７年12月10日

「仕えられるためでなく、仕えるために」10章35～45節

35 さて、ゼベダイのふたりの子、ヤコブとヨハネが、イエスのところに来て言った。「先生。

私たちの頼み事をかなえていただきたいと思います。」[36]イエスは彼らに言われた。「何を
してほしいのですか。」[37]彼らは言った。「あなたの栄光の座で、ひとりを先生の右に、ひ
とりを左にすわらせてください。」[38]しかし、イエスは彼らに言われた。「あなたがたは自
分が何を求めているのか、わかっていないのです。あなたがたは、わたしの飲もうとする
杯を飲み、わたしの受けようとするバプテスマを受けることができますか。」[39]彼らは「で
きます」と言った。イエスは言われた。「なるほどあなたがたは、わたしの飲む杯を飲み、
わたしの受けるべきバプテスマを受けはします。[40]しかし、わたしの右と左にすわること
は、わたしが許すことではありません。それに備えられた人々があるのです。」[41]十人の者
がこのことを聞くと、ヤコブとヨハネのことで腹を立てた。[42]そこで、イエスは彼らを呼
び寄せて、言われた。「あなたがたも知っているとおり、異邦人の支配者と認められた者た
ちは彼らを支配し、また偉い人たちは彼らの上に権力をふるいます。[43]しかし、あなたが
たの間では、そうでありません。あなたがたの間で偉くなりたいと思う者は、みなに仕え
る者になりなさい。[44]あなたがたの間で人の先に立ちたいと思う者は、みなのしもべにな
りなさい。[45]人の子が来たのも、仕えられるためではなく、かえって仕えるためであり、ま
た、多くの人のための、贖いの代価として、自分のいのちを与えるためなのです。」

ここにあるのは、弟子の中のヤコブとヨハネ、残りの十人の弟子、イエスご自身の三者三様のすがたがくっきりと描き出されている記事である。ここでの会話がどういう場面、どういうタイ

ミングで交わされたかという点に、まず注意する必要がある。すぐ前の記事（32〜34）を思い出してみよう。イエスがエルサレムへの道を決然と歩み出された。そのお姿に弟子たちは驚き、恐れた、とはっきり書かれている。その時イエスご自身の道が死と復活の道への道であるという重大な発言をされた。そのご発言に対して弟子たちは返すべき言葉がなかった。少なくとも記録されていない。おそらく大きな衝撃を受けたに違いない。こういう場面、タイミングであったのに、このやりとり、この会話が知らされた。この現実を私たちは知る必要がある。

(1)ヤコブとヨハネの発言（35〜40）

ふたりはイエスのところに来て言った。「先生。私たちの頼み事をかなえていただきたいと思います」。イエスが問いただすと、彼らは言った。「あなたの栄光の座で、ひとりを先生の右に、ひとりを左にすわらせてください」。イエスが彼らに「あなたがたは自分が何を求めているのか、わかっていないのです。あなたがたは、わたしの飲もうとする杯を飲み、わたしの受けようとするバプテスマを受けることができますか」と尋ねられると、彼らは「できます」と言った。

(2)十人の弟子の態度

今日の説教者であっても、このやりとりを聞いて気がつくことがないはずはない。だれであれ、ふたりが「自分勝手だ」と思うに違いない。現にそこに居合わせた「十人の者がこのことを聞くと、ヤコブとヨハネのことで腹を立てた」とある。彼らが何かを言った様子はないが、その心の中は聞き取ることができる。

(3)イエスのご態度

「そこで」と記事は続く。イエスが「彼らを呼び寄せて」言われた。あのふたりにもそして残りの十人にも、等しくおっしゃりたいことがイエスにはあった。マルコの記事はこの時のお言葉をそのまま記録することで終わっている。イエスはこの世ではありふれた「上に立とうとする者」の論理を引き合いに出された上で、「しかし」と、それとは別に、弟子たちのあるべき姿を諭すようにとはっきりと教えられた。「あなたがたの間で偉くなりたいと思う者は、みなに仕える者になりなさい。あなたがたの間で人の先に立ちたいと思う者は、みなのしもべになりなさい」。そしてご自分の生き方を明らかに表明された。「人の子が来たのも、仕えられるためではなく、かえって仕えるためであり、また、多くの人のための、贖いの代価として、自分のいのちを与えるためなのです」と。すべて弟子たらんとする者は、十二人同様、このお言葉を心に刻む必要がある。

2017年12月17日

「あなたの信仰があなたを救った」10章46～52節

46 彼らはエリコに来た。イエスが、弟子たちや多くの群衆といっしょにエリコを出られると、テマイの子バルテマイという盲人の物ごいが、道ばたにすわっていた。47 ところが、ナザレのイエスだと聞くと、「ダビデの子のイエスさま。私をあわれんでください」と叫び始めた。48 そこで、彼を黙らせようと、大ぜいでたしなめたが、彼はますます、「ダビデの子よ。私をあわれんでください」と叫び立てた。49 すると、イエスは立ち止まって、「あの人を呼んで来なさい」と言われた。そこで、彼らはその盲人を呼び、「心配しないでよい。さあ、立ちなさい。あなたをお呼びになっている」と言った。50 すると、盲人は上着を脱ぎ捨て、すぐ立ち上がって、イエスのところに来た。51 そこでイエスは、さらにこう言われた。「わたしに何をしてほしいのか。」すると、盲人は言った。「先生。目が見えるようになることです。」52 するとイエスは、彼に言われた。「さあ、行きなさい。あなたの信仰があなたを救ったのです。」すると、すぐさま彼は見えるようになり、イエスの行かれる所についていった。

エリコの町で、イエスはバルテマイという盲人の物ごいと出会われた。彼はイエスが来られたと聞いて、叫び始め、止められてもますます叫び立てた。「ダビデの子のイエスさま。私をあわれんでください」(47~48)。

イエスのお口から出た三つのおことば

(1)「呼んで来なさい」

招き(「叫び」に対する応答)

・主はたましいの叫びを聞き取って下さる。イザヤ書59章1節「見よ。主の御手が短くて救えないのではない。その耳が遠くて、聞こえないのではない。」

・主は叫ぶ者すべてを招いてくださる。マタイの福音書11章28節「すべて、疲れた人、重荷を負っている人は、わたしのところに来なさい。わたしがあなたがたを休ませてあげます。」
・私たちは叫びを聞き逃してはいないか。マルコの福音書10章13～14節「イエスにさわっていただこうとして、人々が子どもたちを、みもとに連れて来た。ところが、弟子たちは彼らをしかった。イエスはそれをご覧になり、憤って、彼らに言われた。『子どもたちを、わたしのところに来させなさい。止めてはいけません。…』」
(2)
「わたしに何をしてほしいのか」
告白（主の御名を呼び求める）
・告白そのものも主が呼び起こしてくださる。ローマ人への手紙10章13～15節「『主の御名を呼び求める者は、だれでも救われる』。…しかし、信じたことのない方を、どうして呼び求めることができるでしょう。聞いたことのない方を、どうして信じることができるでしょう。宣べ伝える人がなくて、どうして聞くことができるでしょう。遣わされなくては、どうして宣べ伝えることができるでしょう。」
(3)
「さあ、行きなさい」
命令（人間の自立としての信仰、信仰による自立）
・信仰とは与えられるもの。命じられて生まれるもの。マルコの福音書2章11節「『あなたに言う。起きなさい。寝床をたたんで、家に帰りなさい』…すると彼は起き上がり、すぐに床を取り上げて、…出て行った。」
キーワード「あなたの信仰があなたを救ったのです。」(52)

信仰を励ます主のおことば。お互いのことば。信仰には励ましが必要である。

２０１８年１月７日

「祝福あれ」11章1～11節

1 さて、彼らがエルサレムの近くに来て、オリーブ山のふもとのベテパゲとベタニヤに近
づいたとき、イエスはふたりの弟子を使いに出して、2 言われた。「向こうの村へ行きなさ
い。村に入るとすぐ、まだだれも乗ったことのない、ろばの子が、つないであるのに気が
つくでしょう。それをほどいて、引いて来なさい。3 もし、『なぜそんなことをするのか』
と言う人があったら、『主がお入用なのです。すぐに、またここに送り返されます』と言い
なさい。」4 そこで、出かけて見ると、表通りにある家の戸口に、ろばの子が一匹つないで
あったので、それをほどいた。5 すると、そこに立っていた何人かが言った。「ろばの子を
ほどいたりして、どうするのですか。」6 弟子たちが、イエスの言われたとおりに話すと、
彼らは許してくれた。7 そこで、ろばの子をイエスのところへ引いて行って、自分たちの
上着をその上に掛けた。イエスはそれに乗られた。8 すると、多くの人が、自分たちの上
着を道に敷き、またほかの人々は、木の葉を枝ごと野原から切って来て、道に敷いた。9
そして、前を行く者も、あとに従う者も、叫んでいた。「ホサナ。祝福あれ。主の御名によ

って来られる方に。[10]祝福あれ。いま来た、われらの父ダビデの国に。ホサナ。いと高き所に。」[11]こうして、イエスはエルサレムに着き、宮に入られた。そして、すべてを見て回った後、時間ももうおそかったので、十二弟子といっしょにベタニヤに出て行かれた。

地上のご生涯の終わりにイエスが人々からも高くあがめられた高揚の時があった。それは世の人々の目をイエスに向けさせる神のご計画であった。

そのご計画の中で、

(1)まずふたりの弟子が用いられた

「イエスはふたりの弟子を使いに出して」(1)。すべてはそこから始まった。それはふしぎなご命令だったが、ふたりはすぐに出かけ、向こうの村へ行き、おことばのとおり、ろばの子を見つけたので、イエスの言われたとおりを話すと、そこにいた人々は許してくれて、ろばの子をイエスのところに引いて行った。彼らは自分たちの上着をその上に掛け、イエスをお乗せした。このふたりの名は伏せられているが、その従順で積極的な仕事は神のご計画の中で評価に値する。『ちいろば先生物語』(榎本保郎著)などによって注目を促された小さなロバの存在と役割とともに。

(2)群衆がそれに加わった

「すると、多くの人が、自分たちの上着を道に敷き、またほかの人々は、木の葉を枝ごと野原から切って来て、道に敷いた。そして、前を行く者も、あとに従う者も、叫んでいた」(8〜9)。

人々は見ていた。イエスご自身とそのわざを。そして弟子たちのしたことを受け入れ、それに触発されて、我を忘れたかのように叫び始めた。この出来事、また群衆の叫びは三つの福音書によって広く証しされている（マタイの福音書21章、ルカの福音書19章参照）。

(3) イエスが主なる方であることが広くあらわされた

「ホサナ。祝福あれ。主の御名によって来られる方に。祝福あれ。いま来た、われらの父ダビデの国に。ホサナ。いと高き所に。」（9～10）。マタイの記事を借りると、イエスは群衆の口によって①「あなたの王」②「ダビデの子」③「ナザレの（預言者）イエス」として証しされた。エルサレムに起こった大きな騒ぎも、そこには記録されている。「こうして、イエスがエルサレムに入られると、都中がこぞって騒ぎ立ち、『この方は、どういう方なのか』と言った」（マタイの福音書21章10節）。これは、まさに「リバイバル」だった、と言えないだろうか。今の時も、今の世こそ、かかるリバイバルを必要としている。また、事実、群衆はそれを渇望している。私たちは「ふたりの弟子」のように小さな者たちであっても、主の御用に素直に、積極的に踏み出して行きたい。「祝福」が、新年すべての人にあるように。

２０１８年1月14日

「神を信じなさい」 11章12～14、19～25節

12 翌日、彼らがベタニヤを出たとき、イエスは空腹を覚えられた。13 葉の茂ったいちじく

の木が遠くに見えたので、それに何かありはしないかと見に行かれたが、そこに来ると、葉
のほかは何もないのに気づかれた。いちじくのなる季節ではなかったからである。[14]イエ
スは、その木に向かって言われた。「今後、いつまでも、だれもおまえの実を食べることの
ないように。」弟子たちはこれを聞いていた。

[19]夕方になると、イエスとその弟子たちは、いつも都から外に出た。[20]朝早く、通りがか
りに見ると、いちじくの木が根まで枯れていた。[21]ペテロは思い出して、イエスに言った。
「先生。ご覧なさい。あなたののろわれたいちじくの木が枯れました。」[22]イエスは答えて
言われた。「神を信じなさい。[23]まことに、あなたがたに告げます。だれでも、この山に向
かって、『動いて、海に入れ』と言って、心の中で疑わず、ただ、自分の言ったとおりにな
ると信じるなら、そのとおりになります。[24]だからあなたがたに言うのです。祈って求め
るものは何でも、すでに受けたと信じなさい。そうすれば、そのとおりになります。[25]ま
た立って祈っているとき、だれかに対して恨み事があったら、赦してやりなさい。そうす
れば、天におられるあなたがたの父も、あなたがたの罪を赦してくださいます。」

あたかも「いちじくの木」が主役であるかのような、今日の箇所である。いちじくの木はどうだったのか、どうなったのか、それは何を意味していたのか。そしてイエスはこのことをとおして何を教えようとされたのか。

(1)イエスが実のないいちじくの木を呪う（12～14）

「空腹を覚えられた」イエスが、「葉の茂ったいちじくの木」を「見に行かれた」が、「葉のほかは何もない」すなわち実もないのに「気づかれた」（12～13）。そこで、「その木に向かって」言われた。「今後、いつまでも、だれもおまえの実を食べることのないように」と、いわば呪いのことばを口にされた。「弟子たちはこれを聞いていた」が、ふしぎに思ったようである（13～14）。

(2)そのいちじくの木が枯れた（20）

翌日「朝早く」、「いちじくの木が根まで枯れていた」のを見ることになった。著者マルコのコメントは「いちじくのなる季節ではなかったからである」（13）。にもかかわらず、イエスはこの木を呪われた。なぜか。いちじくは漢字では「無花実」と書く。実は、実の中にたくさんの花（隠頭花）があるのだが、このとき実そのものが見当たらなかった。イエスはこのことをたとえに用いて一つのことを言われたのである。

(3)イエスが「神を信じる」ように命じられた（21～25）

ふしぎに思っていたペテロが驚いて、皆を代表してイエスにおたずねした（21）。「イエスは答えて言われた。『神を信じなさい。…』」（22）。ここで、イエスが何を言おうとしておられたかが、明かされる。「まことに、あなたがたに告げます。だれでも、この山に向かって、『動いて、海に入れ』と言って、心の中で疑わず、ただ、自分の言ったとおりになると信じるなら、そのとおりになります。だからあなたがたに言うのです。祈って求めるものは何でも、すでに受けたと信じなさい。そうすれば、そのとおりになります」（23〜24）。

イエスはここで、神を信じること、そして祈ることを、教えられた。葉が茂っていても、実がないいちじくをたとえにして、イエスは当時のユダヤ人、とくに「祭司長、律法学者たち」（19）の見せかけばかりで、中身のない姿を、嘆かれ、厳しくお叱りになった。「神を信じる」単純でまっすぐな信仰に立つこと、また立ち返ることを迫られたのである。イエスご自身が、見本を示された。祈るにあたって何よりも心すべき一つのことをも、最後に付け加えられた。「また立って祈っているとき、だれかに対して恨み事があったら、赦してやりなさい。そうすれば、天におられるあなたがたの父も、あなたがたの罪を赦してくださいます。」（25）

２０１８年1月21日

「祈りの家」11章15〜18節

15
それから、彼らはエルサレムに着いた。イエスは宮に入り、宮の中で売り買いしている人々を追い出し始め、両替人の台や、鳩を売る者たちの腰掛けを倒し、16
また宮を通り抜けて器具を運ぶことをだれにもお許しにならなかった。17
そして、彼らに教えて言われた。『わたしの家は、すべての民の祈りの家と呼ばれる』と書いてあるではありませんか。それなのに、あなたがたはそれを強盗の巣にしたのです。」18
祭司長、律法学者たちは聞いて、

どのようにしてイエスを殺そうかと相談した。イエスを恐れたからであった。なぜなら、群衆がみなイエスの教えに驚嘆していたからである。

十字架の出来事の後に、弟子のふたりが、イエスのことを次にように言っていた場面がある。「ナザレ人のイエスのことです。この方は、神とすべての民の前で、行いにもことばにも力のある預言者でした。それなのに、私たちの祭司長や指導者たちは、この方を引き渡して、死刑に定め、十字架につけたのです。…」（ルカの福音書24章19〜20節）。「行いにもことばにも力のある方」と。弟子たちにそのことを実感させた場面の一つがきょう読んだ箇所ではないかと思われる。

(1)イエスの「力ある行い」（15〜16）

「イエスは宮に入り、宮の中で売り買いしている人々を追い出し始め、両替人の台や、鳩を売る者たちの腰掛けを倒し、また宮を通り抜けて器具を運ぶことをだれにもお許しにならなかった。」それは弟子たちもたじろぐような、また初めて見たような、イエスの力に満ちたご行動であった。さらに、マタイによる並行記事（マタイの福音書21章12〜13節）には次のような記事が続いている。「また、宮の中で、盲人や足のなえた人たちがみもとに来たので、イエスは彼らをいやされた。」（同14節）これはイエスが繰り返された力あるわざである。

(2)イエスの「力あることば」（17）

そして彼らに教えて言われた。「『わたしの家は、すべての民の祈りの家と呼ばれる』と書いてあるではありませんか。それなのに、あなたがたはそれを強盗の巣にしたのです。」イエスは預言者イザヤのことばを引用し、力強く宣言されるかのように、教えられた。マタイ、ルカもこのおことばを書き残した。それほどに、弟子たちの心に深く刻まれることとなったイエスの力あるおことばである。では、このイエスのなさったわざとおことばを見聞きした指導者たちと群衆の反応はどんなものであったか。

①指導者たちの反応（18）

「祭司長、律法学者たちは聞いて、どのようにしてイエスを殺そうかと相談した。イエスを恐れたからである。」イエスのなさったわざを自分たちへの挑戦と受けとったからであろうか、彼らはイエスを抹殺してしまおうと考えた。けれどもそれを実行に移すこともかなわなかった。群衆の反応を見たからである。

②群衆の反応（18）

「なぜなら、群衆がみなイエスの教えに驚嘆していたからである。」ルカは「民衆がみな、熱心にイエスの話に耳を傾けていたからである。」（ルカの福音書19章48節）とある。

弟子たちはどうしたのだろうか。そして私たちはどう反応しようとするだろうか。

２０１８年２月４日

「何の権威によって」11章27〜33節

27彼らはまたエルサレムに来た。イエスが宮の中を歩いておられると、祭司長、律法学者、長老たちが、イエスのところにやって来た。28そして、イエスに言った。「何の権威によって、これらのことをしておられるのですか。だれが、あなたにこれらのことをする権威を授けたのですか。」29そこでイエスは彼らに言われた。「一言尋ねますから、それに答えなさい。そうすれば、わたしも、何の権威によってこれらのことをしているかを、話しましょう。30ヨハネのバプテスマは、天から来たのですか、人から出たのですか。答えなさい。」31すると、彼らは、こう言いながら、互いに論じ合った。「もし、天から、と言えば、それならなぜ、彼を信じなかったかと言うだろう。32だからといって、人から、と言ってよいだろうか。」――彼らは群衆を恐れていたのである。というのは、人々がみな、ヨハネは確かに預言者だと思っていたからである。33そこで彼らは、イエスに答えて、「わかりません」と言った。そこでイエスは彼らに、「わたしも、何の権威によってこれらのことをするのか、あなたがたに話すまい」と言われた。

「祭司長、律法学者、長老たちが、イエスのところにやって来た」(27)。イエスに対する彼らの本心がむき出しになってくる。

(1)彼らはイエスに論争を持ちかける(28)

「何の権威によって、これらのことをしておられるのですか。だれが、あなたにこれらのことをする権威を授けたのですか」。

これは質問と言うよりも、糾弾である。「これらのこと」とは、直接には、すぐ前のところでイエスがなさった宮（神殿）の中での振る舞いのことである。これまで神殿での一切を仕切ってきた彼らからすれば、イエスの振る舞いを黙ってみているわけには行かなかった。

(2)イエスは彼らに逆に質問をなさった（29～30）

「一言尋ねますから、それに答えなさい。そうすれば、わたしも、何の権威によってこれらのことをしているかを、話しましょう。ヨハネのバプテスマは、天から来たのですか。人から出たのですか。答えなさい」。このお返事には舌を巻かずにはいられない。イエスは彼らの質問に真っ直ぐに答えることを避けられたように見えるが、実は、逆に質問されることによって、彼ら自身が今まで避けてきた大事な問題に直面させられることになった。

(3)返事に窮した彼らはイエスの質問の矛先をかわすことしかしなかった（31～33）

「彼らは、こう言いながら、互いに論じ合った。『もし、天から、と言えば、それならなぜ、彼を信じなかったかと言うだろう。だからといって、人から、と言ってよいだろうか。』――彼らは群衆を恐れていたのである。というのは、人々がみな、ヨハネは確かに預言者だと思っていたからである」。互いに論じ合っては見たものの、ジレンマに陥ったまま答えられなかった。「そこで彼らは、イエスに答えて、『わかりません』と言った」。彼らは答えられなかったのではなく、答えることを避けたのである。「そこでイエスは彼らに、『わたしも、何の権威によってこれらのことをするのか、あなたがたに話すまい』と言われた」。

イエスは神の御子としての権威をもって、私たちのところに来られた。その神からの権威によって、すべてのことをなさった。ヨハネが来たのも、神からであり、イエスを指し示すためであった。聖書が書かれたのも、「イエスが神の子キリストであることを、あなたがたが信じるため、また、あなたがたが信じて、イエスの御名によっていのちを得るためである」（ヨハネの福音書20章31節）。

２０１８年2月11日

「ぶどう園のたとえ話」12章1～12節

1それからイエスは、たとえを用いて彼らに話し始められた。「ある人がぶどう園を造って、垣を巡らし、酒ぶねを掘り、やぐらを建て、それを農夫たちに貸して、旅に出かけた。2
季節になると、ぶどう園の収穫の分けまえを受け取りに、しもべを農夫たちのところへ遣わした。3ところが、彼らは、そのしもべをつかまえて袋だたきにし、何も持たせないで送り帰した。4そこで、もう一度別のしもべを遣わしたが、彼らは、頭をなぐり、はずかしめた。5また別のしもべを遣わしたところが、彼らは、これも殺してしまった。続いて、多くのしもべをやったけれども、彼らは袋だたきにしたり、殺したりした。6その人には、なおもうひとりの者がいた。それは愛する息子であった。彼は、『私の息子なら、敬ってく

れるだろう』と言って、最後にその息子を遣わした。7すると、その農夫たちはこう話し
合った。『あれはあと取りだ。さあ、あれを殺そうではないか。そうすれば、財産はこちら
のものだ。』8そして、彼をつかまえて殺してしまい、ぶどう園の外に投げ捨てた。9とこ
ろで、ぶどう園の主人は、どうするでしょう。彼は戻って来て、農夫どもを打ち滅ぼし、ぶ
どう園をほかの人たちに与えてしまいます。10あなたがたは、次の聖書のことばを読んだ
ことがないのですか。『家を建てる者たちの見捨てた石、それが礎の石になった。11これは
主のなさったことだ。私たちの目には、不思議なことである。』12彼らには、このたとえ
話が、自分たちをさして語られたことに気づいたので、イエスを捕らえようとしたが、や
はり群衆を恐れた。それで、イエスを残して、立ち去った。

Ｉ・イエスの語られたたとえ話（1～11）

(1)たとえ話のストーリー（1～8）

①主人がぶどう園を作って農夫たちに貸し、旅に出た。
②収穫の実をしもべを遣わして要求した。が、危害を加えられて送り帰された。
③第二のしもべを遣わしたが、同じ扱いを受けた。
④第三のしもべを遣わしたが、同じ扱いを受けた。
⑤多くのしもべを遣わしたが、危害を加えられたり、殺されたりした。
⑥最後に自分の息子を遣わしたが、殺され、ぶどう園の外に投げ捨てられた。

(2)たとえ話の結末（9）

「ぶどう園の主人は…戻って来て、農夫どもを打ち滅ぼし、ぶどう園をほかの人たちに与えてしまいます。」マタイの福音書では、聴衆に結末を考えさせ、言わせたが、同じ答えだった。話の中の農夫たちのしたことはだれが聞いても報復を受けるに値することだった。

(3)たとえ話のメッセージ（10〜11）

この話の通りのことを人々がする（するようになる）が、聖書の預言にはその先に驚くべき展開があると、イエスは語られた。すなわち、「『家を建てる者たちの見捨てた石、それが礎の石になった。これは主のなさったことだ。私たちの目には、不思議なことである。』」。主人が自分の愛する息子を遣わしたのにそれを農夫たちは殺して捨てたのと同じことを、神の愛するひとり子に対して行う。だがその子が礎となって、神の国は築き上げられる、と。

Ⅱ・イエスのたとえ話への反応（12）

(1)「彼らは、このたとえ話が、自分たちをさして語られたことに気づいた」

この話の聞き手は「祭司長、律法学者、長老たち」（11章27節）だった。彼らにもイエスの話が半分はわかった、と言える。だが、話半分にしか聞かなかった。

(2)「イエスを捕らえようとした」

彼らは心を閉ざして、イエスの話の真意を知ろうとはせず、実はそこに福音が語られていたのに、それを聞こうとせずに、かえって黙殺しようと考えた。

(3)「群衆を恐れ…イエスを残して、立ち去った」

「知恵の欠けた人がいるなら…神に願いなさい。…疑う人は、風に吹かれて揺れ動く、海の大波のようです。…そういうのは、二心のある人で、その歩む道のすべてに安定を欠いた人です」(ヤコブの手紙1章5～8節)。

私たちも、彼らと同じようにイエスのおことばを話半分にしか聞かずに終わるのか。

２０１８年2月18日

「神のものは神に返しなさい」12章13～17節

13 さて、彼らはイエスのことばじりをとらえようとして、パリサイ人とヘロデ党の者を数人、イエスのところに遣わした。14 その人たちはやって来てイエスに言った。「先生。私たちは、あなたが真実な方で、だれにも遠慮しない方だと知っております。人の顔色を見ず、真理に基づいて神の道を教えておられるからです。ところで、カエサルに税金を納めることは、律法にかなっているでしょうか、いないでしょうか。納めるべきでしょうか、納めるべきでないでしょうか。」15 イエスは彼らの欺瞞を見抜いて言われた。「なぜわたしを試すのですか。デナリ銀貨を持って来て見せなさい。」16 彼らが持って来ると、イエスは言われた。「これは、だれの肖像と銘ですか。」彼らは、「カエサルのです」と言った。17 するとイエスは言われた。「カエサルのものはカエサルに、神のものは神に返しなさい。」彼らはイエスのことばに驚嘆した。

ここでイエスの前に現れた人々は、いわば我々の反面教師である。イエスが見抜かれたことによって、彼らの問題点（欺瞞）が明らかになった。

(1)欺瞞その一：イエスを試そうとした

「彼らはイエスのことばじりをとらえようとして、…」(13)やってきた。彼らは口を開くとイエスに対するお世辞を並べ立てた上で、議論を持ち掛けた。「先生。私たちは、あなたが真実な方で、だれにも遠慮しない方だと知っております。人の顔色を見ず、真理に基づいて神の道を教えておられるからです。ところで、…」(14)。それに対して、「イエスは彼らの欺瞞を見抜いて言われた。『なぜわたしを試すのですか。…』」(15)。敬虔そうな態度で、実はイエスを試そうとし、ことばじりをとらえようとした。

(2)欺瞞その二：考え抜かれた議論

「カエサルに税金を納めることは、律法にかなっているでしょうか、いないでしょうか。納めるべきでしょうか、納めるべきでないでしょうか。」(14)イエスを試そうとする下心を持ちながら、自分たちが律法を尊重する敬虔な者たちであることを披歴し、認めてもらおうとしている。律法厳守の精神からすれば、納めよと答えるであろうが、そうすることによってローマのカエサルの支配を喜んでいない民衆の反感を買い、民衆を敵に回すことになる、という計算をした。逆に、納めるべきでない、あるいは、納めなくともよい、とイエスが答えるなら謀反を起こす者としてカエサルの怒りを招き、政治上の弾圧と混乱を来すことになる。即ちローマ帝国によってイエスを裁かせることが出来るわけである。

(3)欺瞞その三：宗教上・政治上の議論

彼らは、宗教と政治の両面がらみでことばじりをとらえることによって、イエスを葬り去ろうとした。人は宗教と政治に明け暮れ、議論を好み、議論に明け暮れ、議論に振り回されて、人としての原点的あり方を見失いかねない。彼ら、すなわち「祭司長たち、律法学者たち、長老たち」（11章27節）は、天から来られた神の御子、救い主なるイエスをこうして拒むことによって、自らの首をしめるような結果を招こうとしていた。私たちは、彼らを正しい意味での反面教師として、イエスの前にへりくだって出ることをしなければいけないのではないか。イエスは彼らに答えられた。

「カエサルのものはカエサルに、神のものは神に返しなさい」（17）。このみことばによって私たちは原点に立ち返り、天にいます神を見上げることを学ぶ必要がある。　２０１８年3月4日

「復活はあるのか」12章18〜27節

18 また、復活はないと言っているサドカイ人たちが、イエスのところに来て質問した。19「先生、モーセは私たちのためにこう書いています。『もし、ある人の兄が死んで妻を後に

残し、子を残さなかった場合、その弟が兄嫁を妻にして、兄のために子孫を起こさなければならない。』[20]さて、七人の兄弟がいました。長男が妻を迎えましたが、死んで子孫を残しませんでした。[21]次男が兄嫁を妻にしましたが、やはり死んで子孫を残しませんでした。三男も同様でした。[22]こうして、七人とも子孫を残しませんでした。最後に、その妻も死にました。[23]復活の際、彼らがよみがえるとき、彼女は彼らのうちのだれの妻になるのでしょうか。七人とも彼女を妻にしたのですが。」[24]イエスは彼らに言われた。「あなたがたは、聖書も神の力も知らないので、そのために思い違いをしているのではありませんか。[25]死人の中からよみがえるときには、人はめとることも嫁ぐこともなく、天の御使いたちのようです。[26]死人がよみがえることについては、モーセの書にある柴の箇所で、神がモーセにどう語られたか、あなたがたは読んだことがないのですか。『わたしはアブラハムの神、イサクの神、ヤコブの神である』とあります。[27]神は死んだ者の神ではなく、生きている者の神です。あなたがたは大変な思い違いをしています。」

復活はないと言っていたサドカイ人たち。彼らがイエスのところに来て質問した。ストレートでなく、曲がりくねった質問。一つのたとえ話のような形で質問した。
「七人の兄弟がいました。…」と始まる。長男から順に、結婚しては子を残さずに死んで、次男はその兄嫁と結婚するが、やはり子を残さずに死に、三男も同様に、と以下兄弟たち全員同様にして死に、最後にその妻も死んだという話（19～24）。もし本当に復活ということがあるとしたら、いったいその女はだれの妻となるのか、と極端な話ではあるが、復活なんてあり得ないという彼らの考えを力説したかった。

イエスのお答えは：

⑴あなたがたには大変な思い違いがある。

「あなたがたは、聖書も神の力も知らないので、そのために思い違いをしているのではありませんか。」⒇サドカイ人たちに限らず、聖書も神の力も知らないために、人は大いに思い違いをしている。聖書を読んだことがなければ始まらない。「聖書読みの聖書知らず」になってはいけない。聖書を読みながら神からの感動を味わったことのないような読み方に終始してはいけない。

⑵復活のときにはもはや結婚というものはない。

「死人の中からよみがえるときには、人はめとることも嫁ぐこともなく、天の御使いたちのようです」(25)。結婚を単なる人間の営みと考えたり、結婚したからにはその絆は永遠のものと考えたりしてはいないだろうか。結婚は神からの賜物であると同時に、それはあくまでも地上で人生を歩むための慰めに満ちた祝福であると、知る必要がある。テモテへの手紙第一4章3〜5節、伝道者の書9章9節にも教えられている。しかし来たるべき世においては地上にまさる祝福された生活が約束されている。

⑶聖書は復活のあることをはっきりと語っている。

「死人がよみがえることについては、モーセの書にある柴の箇所で、神がモーセにどう語られたか、あなたがたは読んだことがないのですか。『わたしはアブラハムの神、イサクの神、ヤコブの神である』とあります。神は死んだ者の神ではなく、生きている者の神です。あなたがたは大変な思い違いをしています。」（26〜27）イエスは聖書の中のあまりにも有名な箇所に、なんと、はっきりと復活のあることが大前提のように語られていることを、教えられた。「神は生きている者の神」。復活の確信の根拠は神ご自身のうちにある。

２０１８年3月11日

「最も重要な戒め」12章28〜34節

[28]律法学者の一人が来て、彼らが議論するのを聞いていたが、イエスが見事に答えられたのを見て、イエスに尋ねた。「すべての中で、どれが第一の戒めですか。」[29]イエスは答えられた。「第一の戒めはこれです。『聞け、イスラエルよ。主は私たちの神。主は唯一である。[30]あなたは心を尽くし、いのちを尽くし、知性を尽くし、力を尽くして、あなたの神、主を愛しなさい。』[31]第二の戒めはこれです。『あなたの隣人を自分自身のように愛しなさい。』これらよりも重要な命令は、ほかにありません。」[32]律法学者はイエスに言った。「先生、そのとおりです。主は唯一であって、そのほかに主はいない、とあなたが言われたことは、まさにそのとおりです。[33]そして、心を尽くし、知恵を尽くし、力を尽くして主を愛すること、また、隣人を自分自身のように愛することは、どんな全焼のささげ物やいけ

にえよりもはるかにすぐれています。」[34]イエスは、彼が賢く答えたのを見て言われた。「あなたは神の国から遠くない。」それから後は、だれもイエスにあえて尋ねる者はいなかった。

イエスは答えられた。

「第一の戒めはこれです。『聞け、イスラエルよ。主は私たちの神。主は唯一である。あなたは心を尽くし、いのちを尽くし、知性を尽くし、力を尽くして、あなたの神、主を愛しなさい。』第二の戒めはこれです。『あなたの隣人を自分自身のように愛しなさい。』これらよりも重要な命令は、ほかにありません。」（29～31）。イエスに質問したのはまたしても律法学者の一人。求道者としてよりも審問官のような質問（28）。しかし、ここでもイエスは丁寧に答えられた（29～31、34）。

三つの点で、学びたい。

(1)イエスは「最も重要な命令」と言われた（31）。

聖書にある神の戒めをイエスは「命令」と言われた。この律法学者は聖書に通じており、神の戒めを知っていた。知っていると思っていた。だが、神からの命令として受け取っていただろうか。聖書のことばを一提案とか、奨励とか、要するに一つの考え、一つの教えとして、理解していたに過ぎなかったのではないか。それを知っていることを誇りとしていたにせよ…。では私たちはどうだろうか。神の命令に従って日々生きているだろうか。神の命令に従う人生を選んでいるだろうか。聖書に「神を恐れよ。神の命令を守れ。これが人間にとってすべてである」（伝道者の書12章13節）、「神の命令を守ること、それが、神を愛することです。神の命令は重荷とはなりません」（ヨハネの手紙第一5章3節）とある。

(2)イエスは彼に「あなたは神の国から遠くない」と言われた（34）。

彼（律法学者）は神の国を知っていると思っていたのだろうか。あるいは神の国に自分は入っていると思っていたかもしれない。いずれにせよ、イエスからこう言われて不満に思ったのではないだろうか。もしかすると、ショックだったのではないか。だが、むしろそう反応したほうが、望みがある。イエスはあくまで神の国にすべての者を招くために来ておられた（ヨハネの福音書3章3、5節）。「神は、すべての人が救われて、真理を知るようになることを望んでおられます」（テモテへの手紙第一2章4節）とも言われている。イエスのこの一言は、実は彼への招きのことばだったのである。

(3)「それから後は、だれもイエスにあえて尋ねる者はいなかった」（34）。

「だれも」というのは律法学者の中にということだろうか。それとも群衆を含めて「だれ一人」ということなのだろうか。イエスのおことばはそれだけの衝撃を与える。だが、そこから始まるのである。イエスのおことばを心に留め、へりくだって、同時に心を開いて、神の国を求める者とお互いになりたい。

2018年3月25日

「キリストを主と呼ぶ」12章35〜37節

35 イエスは宮で教えていたとき、こう言われた。「どうして律法学者たちは、キリストをダビデの子だと言うのですか。36 ダビデ自身が、聖霊によって、こう言っています。『主は、私の主に言われた。「あなたは、わたしの右の座に着いていなさい。わたしがあなたの敵をあなたの足台とするまで。」』37 ダビデ自身がキリストを主と呼んでいるのに、どうしてキリストがダビデの子なのでしょう。」大勢の群衆が、イエスの言われることを喜んで聞いていた。

祝イースター。この箇所は直接イースターの出来事を伝える記事ではないが、イエスご自身が、キリストを主と呼ぶことを、ダビデの告白を用いて積極的に教えられた箇所として、今日この日に注目したい。なぜなら、イースターすなわち復活の事実こそが、キリストが主であることを宣言したからである。

(1)律法学者たちはキリストを「ダビデの子」と言っていた

「どうして律法学者たちは、キリストをダビデの子だというのですか」(35)。イエスをダビデの子と言ったのは律法学者たちだけではない。エリコの町の盲人バルテマイも、イエスに向かって「ダビデの子よ。私をあわれんでください」と繰り返し叫んだ(10章47〜48節)。だが、ユダヤ人の指導者である律法学者たちは、キリストをダビデの子として教えるのに終始していた。

イエスに向かって、「ダビデの子よ」と叫ぶようなことはしなかった。彼らの教えは知的レベルに留まっていたとも言える。

(2) ダビデはキリストを「主」と呼んだ

だがダビデは違った。「ダビデ自身が、聖霊によって、こう言っています。『主は、私の主に言われた。「あなたは、わたしの右の座に着いていなさい。わたしがあなたの敵をあなたの足台とするまで。」』(36)。「私の主」とダビデは呼んだ。「主」すなわち父なる神が「私の主」すなわちキリストにお命じになったのだと、ダビデはまさに聖霊によって、父なる神と御子キリストとの間に交わされた会話を聞き取り、洞察していたのである。「ダビデ自身がキリストを主と呼んでいるのに、どうしてキリストがダビデの子なのでしょう(どうしてキリストがダビデの子にすぎないと言えるのか)」(37)。キリストは「ダビデの子」にまさる存在であることがわからないのかと、これはイエスの自己証言であった。

(3) 「主の御名を呼び求めるものはみな救われる」

「もしあなたの口でイエスを主と告白し、あなたの心で神はイエスを死者の中からよみがえらせたと信じるなら、あなたは救われるからです」(ローマ人への手紙10章9節)と使徒パウロは教えた。イエスこそ主であると、目を開かれて告白した典型的な人物は使徒トマスである。イエスが十字架に掛けられて死んだ後三日目によみがえったのを信じられなかったトマスが、復活の主が現れてくださったときに、聖霊によって目が開かれた。「信じない者でなく、信じる者になりなさい」と言われたとき、「トマスはイエスに答えた。『私の主、私の神よ』」(ヨハネの福音

書20章27～28節）。復活の主、今も生きておられるイエス・キリストを、私たちも主とお呼びし
よう。

２０１８年４月１日

「一人のやもめ」12章38～44節

[38]イエスはその教えの中でこう言われた。「律法学者たちに気をつけなさい。彼らが願うの
は、長い衣を着て歩き回ること、広場であいさつされること、[39]会堂で上席に、宴会で上
座に座ることです。[40]また、やもめたちの家を食い尽くし、見栄を張って長く祈ります。こ
ういう人たちは、より厳しい罰を受けます。」[41]それから、イエスは献金箱の向かい側に座
り、群衆がお金を献金箱に投げ入れる様子を見ておられた。多くの金持ちがたくさん投げ
入れていた。[42]そこに一人の貧しいやもめが来て、レプタ銅貨二枚を投げ入れた。それは
一コドラントに当たる。[43]イエスは弟子たちを呼んで言われた。「まことに、あなたがたに
言います。この貧しいやもめは、献金箱に投げ入れている人々の中で、だれよりも多くを
投げ入れました。[44]皆はあり余る中から投げ入れたのに、この人は乏しい中から、持って
いるすべてを、生きる手立てのすべてを投げ入れたのですから。」

イエスは群衆に向かって、律法学者に気をつけるようにと言われた（38〜40）。マタイの福音書にも、たとえばその23章全体にわたって「偽善の律法学者、パリサイ人」とイエスが繰り返されたことが記録されている。「彼らの行いをまねてはいけません。彼らは言うだけで実行しないからです。」（同3節）とも言われている。彼らの偽善にならうな、といましめられたのである。「こういう人たちは、より厳しい罰を受けます」とさえ言われた。それに続けて、今度は弟子たちに、心に残る一つの教えを語られた（41〜44）。ルカの福音書にも同じ記事がある（21章1〜4節）。

(1)それはイエスの観察から生まれた。

「イエスは献金箱の向かい側に座り、群衆がお金を献金箱へ投げ入れる様子を見ておられた」（41）。

イエスの目は地上のすべての人の上に注がれている。「まことに、神である主はこう言われる。『見よ。わたしは自分でわたしの羊の群れを捜し求め、これを捜し出す』」（エゼキエル書34章11節）。その神の目を持ってイエスはこの世に来てくださり、人を詮索するのでなく、捜し求めて止まない熱い眼差しを向けていてくださる。

(2)イエスは金持ちにも貧しい者にも目を向けておられる。

「多くの金持ちがたくさん投げ入れていた。そこに一人の貧しいやもめが来て…」（42）。

イエスは「貧しい人たちは幸いです。神の国はあなたがたのものだからです」（ルカの福音書6章20節）とまで言われた。と同時に、聖書には金持ちに対しても明らかに福音が語られている。「今の世で富んでいる人たちに命じなさい。高慢にならず、頼りにならない富にではなく、むしろ、私たちにすべての物を豊かに与えて楽しませてくださる神に望みを置き、善を行い、立派な行いに富み、惜しみなく施し、喜んで分け与え、…」（テモテへの手紙第一6章17〜19節）。

(3)イエスは一人の貧しいやもめに目を留められた。

「…レプタ銅貨二枚を投げ入れた」（42）。

イエスは弟子たちを呼んで言われた。「まことに、あなたがたに言います。この貧しいやもめは、献金箱に投げ入れている人々の中で、だれよりも多くを投げ入れました。皆はあり余る中から投げ入れたのに、この人は乏しい中から、持っているすべてを、生きる手立てのすべてを投げ入れたのですから」（42〜44）。イエスが目を留められたこの女性こそ、私たちの模範なのではないか。

2018年4月8日

「産みの苦しみ」13章1〜8節

1イエスが宮から出て行かれるとき、弟子の一人がイエスに言った。「先生、ご覧ください。
なんとすばらしい石、なんとすばらしい建物でしょう。」2すると、イエスは彼に言われた。
「この大きな建物を見ているのですか。ここで、どの石も崩されずに、ほかの石の上に残る
ことは決してありません。」3イエスがオリーブ山で宮に向かって座っておられると、ペテ
ロ、ヤコブ、ヨハネ、アンデレが、ひそかにイエスに尋ねた。4「お話しください。いつ、

そのようなことが起こるのですか。また、それらがすべて終わりに近づくときのしるしは、どのようなものですか。」5 それで、イエスは彼らに話し始められた。「人に惑わされないように気をつけなさい。6 わたしの名を名乗る者が大勢現れ、『私こそ、その者だ』と言って、多くの人を惑わします。7 また、戦争や戦争のうわさを聞いても、うろたえてはいけません。そういうことは必ず起こりますが、まだ終わりではありません。8 民族は民族に、国は国に敵対して立ち上がり、あちこちで地震があり、飢饉も起こるからです。これらのことは産みの苦しみの始まりです。」

「これらのことは産みの苦しみの始まりです」(8)。

「産みの苦しみ」ということばがイエスのお口から出たことを、覚えておきたい。それは、別の場面でイエスが言われたこととも、内容的につながる表現である。

「女は子を産むとき、苦しみます。自分の時が来たからです。しかし、子を産んでしまうと、一人の人が世に生まれた喜びのために、その激しい痛みをもう覚えていません。…」(ヨハネの福音書16章21節以下)。

使徒パウロも、手紙の中で、イエスのおことばを反映するようにして、この表現を用いた。「私たちは知っています。被造物のすべては、今に至るまで、ともにうめき、ともに産みの苦しみをしています」(ローマ人への手紙8章22節)。

ここでは、弟子の一人がエルサレムの神殿のすばらしさを賛嘆してイエスに同意を求めたのがきっかけで、イエスが世の終わりの時に言及されたことで、始まった。

「この大きな建物を見ているのですか。ここで、どの石も崩されずに、ほかの石の上に残ることは決してありません」(2)。この都にも終わりが来る、その時には目に見えるものは何一つ残らないと言われた。それは弟子たちには耳を疑うような一言であった。そこでお尋ねした(3)。「お話しください。いつ、そのようなことが起こるのですか。また、それらがすべて終わりに近づくときのしるしは、どのようなものですか」(4)。世の終わりについての、私たちの心に浮かぶ疑問も、まったくこれと同じである。「いつ?」「どのようにして?」

イエスはその質問に答えられた。

(1)「人に惑わされないように気をつけなさい。わたしの名を名乗る者が大勢現れ、『私こそ、その者だ』と言って、多くの人を惑わします」(5〜6)。

(2)「戦争や戦争のうわさを聞いても、うろたえてはいけません。そういうことは必ず起こりますが、まだ終わりではありません。…」(7〜8)。

(3)「これらのことは産みの苦しみの始まりです」(8)。

「産みの苦しみ」は、私たちにとって、①避けられない。②だがそこには望みがある。③そして喜びが約束されている。私たちも、パウロが言っているように、「私たちは、この望みとともに救われたのです。…私たちはまだ見ていないものを望んでいるのですから、忍耐して待ち望みます」。(ローマ人への手紙8章24〜25節)と告白して、「産みの苦しみ」を、希望を持って、喜んで耐え抜いて行く者でありたい。

2018年4月15日

「用心していなさい」13章9～20節

9あなたがたは用心していなさい。人々はあなたがたを地方法院に引き渡します。あなた
がたは、会堂で打ちたたかれ、わたしのために、総督たちや王たちの前に立たされます。そ
のようにして彼らに証しするのです。10まず福音が、すべての民族に宣べ伝えられなけれ
ばなりません。11人々があなたがたを捕らえて引き渡すとき、何を話そうかと、前もって
心配するのはやめなさい。ただ、そのときあなたがたに与えられることを話しなさい。話
すのはあなたがたではなく、聖霊です。12また、兄弟は兄弟を、父は子を死に渡し、子ど
もたちは両親に逆らって立ち、死に至らせます。13また、わたしの名のために、あなたが
たはすべての人に憎まれます。しかし、最後まで耐え忍ぶ人は救われます。14『荒らす忌
まわしいもの』が、立ってはならない所に立っているのを見たら―読者はよく理解せよ―
ユダヤにいる人たちは山に逃げなさい。15屋上にいる人は、家から何かを持ち出そうと、下
に降りたり、中に入ったりしてはいけません。16畑にいる人は、上着を取りに戻ってはい
けません。17それらの日、身重の女たちと乳飲み子を持つ女たちは哀れです。18このこと
が冬に起こらないように祈りなさい。19それらの日には、神が創造された被造世界のはじ
めから今に至るまでなかったような、また、今後も決してないような苦難が起こるからで
す。20もし主が、その日数を少なくしてくださらなかったら、一人も救われないでしょう。
しかし、主は、ご自分が選んだ人たちのために、その日数を少なくしてくださいました。

「用心していなさい」（9）は、以前の訳では「気をつけていなさい」、新共同訳では「自分のことに気をつけていなさい」。ギリシャ語の原語では、直訳するなら「見なさい（よく見なさい）」という語が使われている。英語では、〝Watch out for yourselves〟や〝You must be on your guard〟と言う訳まである。広い意味でまた深い意味で「よく見る」こと、それも「自分で」「自分のこととして」よく見ることが促されている。これは、主イエスが言い出されたおことばである。

では、イエスはどんなことについてそれを弟子たちにお命じになったのだろうか。

(1)「あなたがたは証しする」（9～10）。

イエスの弟子には「証しする」任務がある。そのことについて自覚的であることが求められている。あなたがたは（地方法廷に）引き渡されたり、（会堂で）打ちたたかれたり、権威ある人々（総督たちや王たち）の前に立たされたりする。それもこれも証しのためなのである。「そのようにして彼らに証しするのです」。その結果として福音が宣べ伝えられるのが神のご計画なのである。「まず福音が、すべての民族に宣べ伝えられなければなりません」。弟子たちには、そのご計画と自らの任務を自覚して「用心して」いることが、イエスから求められている。

(2)「最後まで耐え忍ぶ」（11～13）

心配もあるだろう。想定外のことも起こるだろう。

①何を話そうかという心配。

「何を話そうかと、前もって心配するのはやめなさい。ただ、そのときあなたがたに与えられることを話しなさい。話すのはあなたがたではなく、聖霊です」。

②家族からさえ反対される

「兄弟は兄弟を、父は子を死に渡し、子どもたちは両親に逆らって立ち、死に至らせます」。

③人々から憎まれる

「わたしの名のために、あなたがたはすべての人に憎まれます」。

「しかし、最後まで耐え忍ぶ人は救われます」。

(3)「苦難が起こる」が「主はその日数を少なくしてくださる」(14〜20)。

「『荒らす忌まわしいもの』が、立ってはならない所に立つ…それらの日には、神が創造された被造世界のはじめから今に至るまでなかったような、また、今後も決してないような苦難が起こるからです」。まさに未曾有の苦難の日々の到来。「しかし、主は、ご自分が選んだ人たちのために、その日数を少なくしてくださいました」。

２０１８年4月29日

「人の子が来る」13章21〜32節

21 そのときに、だれかが、『ご覧なさい。ここにキリストがいる』とか、『あそこにいる』とか言っても、信じてはいけません。22 偽キリストたち、偽預言者たちが現れて、できれば選ばれた者たちを惑わそうと、しるしや不思議を行います。23 あなたがたは、気をつけ

ていなさい。わたしは、すべてのことを前もって話しました。24しかしその日、これらの
苦難に続いて、太陽は暗くなり、月は光を放たなくなり、25星は天から落ち、天にあるも
ろもろの力は揺り動かされます。26そのとき人々は、人の子が雲のうちに、偉大な力と栄光
とともに来るのを見ます。27そのとき、人の子は御使いたちを遣わし、地の果てから天の
果てまで、選ばれた者たちを四方から集めます。28いちじくの木から教訓を学びなさい。枝
が柔らかくなって葉が出て来ると、夏が近いことが分かります。29同じように、これらの
ことが起こるのを見たら、あなたがたは、人の子が戸口まで近づいていることを知りなさ
い。30まことに、あなたがたに言います。これらのことがすべて起こるまでは、この時代
が過ぎ去ることは決してありません。31天地は消え去ります。しかし、わたしのことばは
決して消え去ることがありません。32ただし、その日、その時がいつなのかは、だれも知
りません。天の御使いたちも子も知りません。父だけが知っておられます。

「そのときに、だれかが、『…「ここにキリストがいる」とか、「あそこにいる」とか言っても、信じてはいけません』」。イエスは終わりの時についてこう話し始められた（21）。偽キリストたち、偽預言者たちが現れて、神に選ばれた者たちを惑わそうとすることを「前もって」話された（22～23）。自分をキリストか預言者でもあるかのように振る舞う指導者の登場が、終わりの時の「しるし」であると繰り返された（4～6節参照）。人々は本当の指導者、本物の救い主を実は渇望している、と言える。そしてイエスは、神がそれに応えてくださる方であること、「人の子」の登

場こそがその答えであることを明言される。

(1)「人の子」が来る。

「そのとき人々は、人の子が雲のうちに、偉大な力と栄光とともに来るのを見ます」(26)。

イエスはご自分を「人の子」とお呼びになる。イエス・キリストが再び地上に来られる。これを「再臨」と言う。再臨は聖書に一貫して預言され予告されている神のご計画である。ヨハネの黙示録にも次のように記されている。「見よ、その方は雲とともに来られる。すべての目が彼を見る。彼を突き刺した者たちさえも。地のすべての部族は彼のゆえに胸をたたいて悲しむ。」(1章7節)

ここではそのことがイエスご自身の口から、はっきりと宣言された。

(2)「人の子」がご自分の民を集める。

「そのとき、人の子は御使いたちを遣わし、地の果てから天の果てまで、選ばれた者たちを四方から集めます」(27)。

「人の子」なるキリストが一度地上に来られた事実を、使徒ヨハネは「この方はご自分のところに来られたのに、ご自分の民はこの方を受け入れなかった。しかし、この方を受け入れた人々、すなわち、その名を信じた人々には、神の子どもとなる特権をお与えになった」(1章11〜12節)と述べている。「神の子どもたち」と呼ばれるそのご自分の民を、イエスは呼び集められる。

(3)「人の子」が来る日は近い。

「これらのことが起こるのを見たら、あなたがたは、人の子が戸口まで近づいていることを知りなさい」(29)。

この「わたしのことば」(31)すなわち聖書の証言は、確実に実行される。

２０１８年5月6日

「目を覚ましていなさい」13章33～37節

[33]気をつけて、目を覚ましていなさい。その時がいつなのか、あなたがたは知らないからです。[34]それはちょうど、旅に出る人のようです。家を離れるとき、しもべたちそれぞれに、仕事を割り当てて責任を持たせ、門番には目を覚ましているように命じます。[35]ですから、目を覚ましていなさい。家の主人がいつ帰って来るのか、夕方なのか、夜中なのか、鶏の鳴くころなのか、明け方なのか、分からないからです。[36]主人が突然帰って来て、あなたがたが眠っているのを見ることがないようにしなさい。[37]わたしがあなたがたに言っていることは、すべての人に言っているのです。目を覚ましていなさい。」

この章全体に及ぶイエスの長い説教も終わりに近づいた。結論的な勧めのことばがここにあると言える。「目を覚ましていなさい」と、イエスは繰り返し言われた。これがまさにイエスのおっしゃりたかったことである。

「目を覚ましていなさい」

(1)あなたがたは「時」を知らないのだから

「気をつけて、目を覚ましていなさい。その時がいつなのか、あなたがたは知らないからです」(33)。

これは後に使徒パウロがローマ人への手紙13章で言ったことと一見矛盾しているかのようである。パウロは「あなたがたは、今がどのような時であるか知っています。あなたがたが眠りからさめるべき時刻が、もう来ているのです」(11節)と言った。「時」とはイエスご自身(人の子)が来る時」であり、それゆえ「(お会いするために)目を覚ますべき時」なのである。両者は実は矛盾していない。「もうすぐ」そのときは来る。だが父なる神のお考えから、具体的には知らされていない。したがって、お会いできるように「目を覚まして」いることこそ、肝要である。

(2)眠ってしまわないために

「ですから、目を覚ましていなさい。家の主人がいつ帰って来るのか、…分からないからです」(35)。

ここで使われているたとえはマタイの福音書25章にも出てくる(1～13節)。そして「主人が突然帰って来て、あなたがたが眠っているのを見ることがないようにしなさい」(36)とイエスは言われる。私たちは簡単に眠ってしまう弱さをみな持っている。大事な時に眠ってしまった弟子たちのことが思い出される。「誘惑に陥らないように、目を覚まして祈っていなさい。霊は燃えていても肉は弱いのです」（14章38節）と、ペテロも主から言われた。肉体の弱さが霊的な眠りにつながる。私たちは霊的に眠ってしまっていないか。

(3)すべての人に言えること

「わたしがあなたがたに言っていることは、すべての人に言っているのです。目を覚ましていなさい」（37）。

例外はない。まさにこのとき弟子たちが言われなければならなかったことは、私たちにも必要なことである。イエスは口癖のように「聞く耳のある者は聞きなさい」（4章9節ほか）と言っておられた。もう一度パウロのことばに帰ろう。「さらにあなたがたは、今がどのような時であるか知っています。あなたがたが眠りからさめるべき時刻が、もう来ているのです。私たちが信じたときよりも、今は救いがもっと私たちに近づいているのですから」（ローマ人への手紙13章11節）。

２０１８年5月13日

「香油のささげ物」14章1～9節

1 過越の祭り、すなわち種なしパンの祭りが二日後に迫っていた。祭司長たちと律法学者たちは、イエスをだまして捕らえ、殺すための良い方法を探していた。2 彼らは、「祭りの間はやめておこう。民が騒ぎを起こすといけない」と話していた。3 さて、イエスがベタニアで、ツァラアトに冒された人シモンの家におられたときのことである。食事をしておられると、ある女の人が、純粋で非常に高価なナルド油の入った小さな壺を持って来て、その壺を割り、イエスの頭に注いだ。[4]すると、何人かの者が憤慨して互いに言った。「何のために、香油をこんなに無駄にしたのか。[5]この香油なら、三百デナリ以上に売れて、貧しい人たちに施しができたのに。」そして、彼女を厳しく責めた。[6]すると、イエスは言われた。「彼女を、するままにさせておきなさい。なぜ困らせるのですか。わたしのために、良いことをしてくれたのです。[7]貧しい人々は、いつもあなたがたと一緒にいます。あなたがたは望むとき、いつでも彼らに良いことをしてあげられます。しかし、わたしは、いつもあなたがたと一緒にいるわけではありません。[8]彼女は、自分にできることをしたのです。埋葬に備えて、わたしのからだに、前もって香油を塗ってくれました。[9]まことに、あなたがたに言います。世界中どこでも、福音が宣べ伝えられるところでは、この人がしたことも、この人の記念として語られます。」

この箇所に見られる三つの人間模様

(1)イエスを捕らえて殺そうとしていた人々（1〜2）

「祭司長たちと律法学者たち」（1）は群衆のうちに見られたイエスの関心や感動もなく、ただ自分たちの立場を守ることに終始していた。指導者であるはずの彼らがしたことは「イエスをだまして捕らえ、殺すための良い方法」（1）を見つけることだった。その反面、強いはずの彼らに群衆を恐れる弱さがあった。「祭りの間はやめておこう。民が騒ぎを起こすといけない」(2)。彼らは「時」を読んだつもりだったかもしれないが、実は「時」を知らなかった。「あなたがたは、今がどのような時であるかを知っています」(ローマ人への手紙13章11節)。時間を支配する主を知る者には時を知る者とされた強さがある。

(2) 人の家におられたイエス(3)

そのときイエスはどこにおられらたのか。「ベタニアで、ツァラアトに冒された人シモンの家におられた」のであった。家族と一緒に「食事をしておられ」た。そこまでこの病人と家族を受け入れておられた。「いつもあなたがたと一緒にいます」(7)と言われたが、病人や貧しい人々といつも一緒におられたのがイエスである。祭司長たちや律法学者たちと対照的である。

(3) 「イエスに香油のささげ物を持ってきた女性」(3~9)

「ある女の人が、純粋で非常に高価なナルド油の入った小さな壺を持って来て、その壺を割り、イエスの頭に注いだ」(3)。だれも予測できなかったような、ハプニング。「すると、何人かの者が憤慨して互いに言った。『何のために、香油をこんなに無駄にしたのか。この香油なら、三百デナリ以上に売れて、貧しい人たちに施しができたのに。』そして、彼女を厳しく責めた」(4~5)。ごく常識的な反応とも言えるし、貧しい人たちへの思いやりから出た言葉かとも見えるが、ヨハネの福音書の並行箇所によると、これを言ったのは弟子ユダであったことがわかる(12章4~5節)。ユダがそれを先頭に立って口にし、同調する者もいた、と言うことであろう。だがしかし、イエスはそのようにはご覧にならなかった。ここでイエスの言われたおことばを、傾聴する必要がある。「すると、イエスは言われた」とあり、次のように続く。「彼女を、するままにさせておきなさい。なぜ困らせるのですか。わたしのために、良いことをしてくれたのです。…彼女は自分にできることをしたのです。埋葬に備えて、わたしのからだに、前もって、香油を塗ってくれました」（6～8）。さらに言われた。「まことに、あなたがたに言います。世界中どこでも、福音が宣べ伝えられるところでは、この人がしたことも、この人の記念として語られます」（9）。周りにいた誰よりも、イエスに喜ばれたささげ物を彼女はすることができた。

2018年6月3日

「弟子ユダの裏切り」14章10～11節

10 さて、十二人の一人であるイスカリオテのユダは、祭司長たちのところへ行った。イエスを引き渡すためであった。11 彼らはそれを聞いて喜び、金を与える約束をした。そこでユダは、どうすればイエスをうまく引き渡せるかと、その機をうかがっていた。

イエスを裏切ったのは「弟子ユダ」であったという事実を、私たちは知らされる。「十二人の一人であるイスカリオテのユダは」（10）と、イエスを引き渡すために祭司長たちのところへ行ったのがだれだったかを、はっきりと告げている。

彼のうちに三つの事実を認めざるを得ない。

(1)悪しき企て

「イエスを引き渡すためであった」(同)。ユダは明らかに一つの計画を持って、行動を起こした。そしてユダは「どうすればイエスをうまく引き渡せるかと、その機をうかがっていた」(11)。このとき彼は、自分の「悪しき企て」で頭がいっぱいになっていて、心はその方向にまっしぐらに、からだごと走り出してしまった。そのために、はばかることなく、自分たちの敵側の中心にいた「祭司長たちのところへ行った」(10)のである。人は一度走りだすと、止まらない。すべては彼のうちに生じた「悪しき企て」から始まった。

(2)卑しき喜び

すでに自分たちの「悪しき企て」を持って走り出していた「祭司長たち」は、自分たちに加担すべくやって来たユダを歓迎した。「彼らはそれを聞いて喜び」(11)。箴言に「悪しき者は悪人たちの分捕り物を欲しがる」(12章12節)とある。ユダは、祭司長たちの「悪しき企て」を手伝うと同時に、彼らの「卑しき喜び」をも共有することになった。悪には「悪の喜び」というものがついてくる。聖書は「自分を喜ばせる」のでなく「隣人を喜ばせるべきです」と教えている。「キリストもご自分を喜ばせることはなさいませんでした」(ローマ人への手紙15章3節)。

(3)誤った約束

「彼らは…金を与える約束をした」(11)。祭司長たちが約束したというのは、ユダの同意の上で約束したのである。ユダも約束をしてしまった。実はユダにも金銭欲があったのを、弟子仲間のヨハネが見抜いていた。「彼が盗人で、（一行の）金入れを預かりながら、そこに入っているものを盗んでいたからであった」（ヨハネの福音書12章6節）。イエスが「ユダヤ人の王」として立ち上がりローマの支配から救い出す人物としての期待に背いたとの失望感からイエスを引き渡したというような政治的信念の問題ではなかったと思われる。ユダ自身に弱さがあり問題があった。ならばなおさら、「主の祈り」に従って「悪から（悪の喜びや悪の約束をしてしまうような所からも）お救いください」と祈る必要がある。

弟子ユダに起こったことは決して他人事ではない。日々の生活の中で「主の祈り」を祈ること。詩篇1編1節をも、私たちへの励ましとして心に刻んでおきたい。

２０１８年6月10日

「最後の晩餐」14章12～26節

12種なしパンの祭りの最初の日、すなわち、過越の子羊を屠る日、弟子たちはイエスに言
った。「過越の食事ができるように、私たちは、どこへ行って用意をしましょうか。」13イ
エスは、こう言って弟子のうち二人を遣わされた。「都に入りなさい。すると、水がめを運
んでいる人に出会います。その人について行きなさい。14そして、彼が入って行く家の主
人に、『弟子たちと一緒に過越の食事をする、わたしの客間はどこかと先生が言っておりま
す』と言いなさい。15すると、その主人自ら、席が整えられて用意のできた二階の大広間

を見せてくれます。そこでわたしたちのために用意をしなさい。」[16]弟子たちが出かけて行
って都に入ると、イエスが彼らに言われたとおりであった。そこで、彼らは過越の用意を
した。[17]夕方になって、イエスは十二人と一緒にそこに来られた。[18]そして、彼らが席に
着いて食事をしているとき、イエスは言われた。「まことに、あなたがたに言います。あな
たがたのうちの一人で、わたしと一緒に食事をしている者が、わたしを裏切ります。」[19]弟
子たちは悲しくなり、次々にイエスに言い始めた。「まさか私ではないでしょう。」[20]イエ
スは言われた。「十二人の一人で、わたしと一緒に手を鉢に浸している者です。[21]人の子は、
自分について書かれているとおり、去って行きます。しかし、人の子を裏切るその人はわ
ざわいです。そういう人は、生まれて来なければよかったのです。」[22]さて、一同が食事を
していたとき、イエスはパンを取り、神をほめたたえてこれを裂き、弟子たちに与えて言
われた。「取りなさい。これはわたしのからだです。」[23]また、杯を取り、感謝の祈りをさ
さげた後、彼らにお与えになった。彼らはみなその杯から飲んだ。[24]イエスは彼らに言わ
れた。「これは、多くの人のために流される、わたしの契約の血です。[25]まことに、あなた
がたに言います。神の国で新しく飲むその日まで、わたしがぶどうの実からできた物を飲
むことは、もはや決してありません。」[26]そして、賛美の歌を歌ってから、皆でオリーブ山
へ出かけた。

イエスの地上のご生涯の中で、「最後の晩餐」はハイライトであったとも言える。

その記事には、三つの大事なポイントがある。

(1)過越の食事の準備

「種なしパンの祭りの最初の日、すなわち、過越の子羊を屠る日、弟子たちはイエスに言った。『過越の食事ができるように、私たちは、どこへ行って用意をしましょうか』」(11)。弟子たちが言い出して準備が始まったかのように見えるが、実は違った。イエスがすでに下準備をしておられた。「イエスは、こう言って弟子のうち二人を遣わされた。『都に入りなさい。すると、水がめを運んでいる人に出会います。その人について行きなさい。そして、…そこでわたしたちのために用意をしなさい』」(13~15)と。ルカの福音書の記事には「イエスは彼らに言われた。『わたしは、苦しみを受ける前に、あなたがたと一緒にこの過越の食事をすることを、切に願っていました』」(22章15節)とさえある。そのために、前もって段取りをつけておられた。「それで、彼らは過越の用意をした」(16)。

(2)席上での重大なご発言

「彼らが席に着いて食事をしているとき、イエスは言われた。『まことに、あなたがたに言います。…』」。こう言って重大なことを切り出される。「あなたがたのうちの一人で、わたしと一緒に食事をしている者が、わたしを裏切ります」(18)。このご発言は、弟子たちに衝撃を与えた。「弟子たちは悲しくなり、次々にイエスに言い始めた。『まさか私ではないでしょう』」(19)。だがイエスははっきり言われた。「十二人の一人で、わたしと一緒に手を鉢に浸している者です」(20)。その裏切りの結果「人の子は、自分について書かれているとおり、去って行きます」と、明言された。すなわち、避けられないこととしてそれは起こる、この食事はあなたがたと一緒にする「最後の晩餐」となる、と。不退転のご覚悟。かえって「人の子を裏切るその人」(21)のことを心配される主がここにおられる。

(3)神の国での食事への言及

主はご自身が「去って」行かれた後の弟子たちのために「わたしのからだ」を「取りなさい」(22)と命じられ、また「わたしの契約の血」を「お与えになった」(23)。「パン」と「(ぶどうの)杯」という具体的な「しるし」を用いることを命じられた。「神の国で新しく飲むその日まで」(25)、地上では「その日」を待ち望みつつ「これを行い」(コリント人への手紙第一11章24〜25節)、「神の国で(わたしとともに)新しく飲むその日」を待ち望むように、と。「最後の晩餐」は御国での「栄えに満ちた喜び」(ペテロの手紙第一1章8節)の食事を約束する。

２０１８年6月17日

「わたしを知らないと言う」14章27〜31節

27イエスは弟子たちに言われた。「あなたがたはみな、つまずきます。『わたしは羊飼いを
打つ。すると、羊は散らされる』と書いてあるからです。
28しかしわたしは、よみがえった後、あなたがたより先にガリラヤへ行きます。」
29すると、ペテロがイエスに言った。「た

とえ皆がつまずいても、私はつまずきません。」[30]イエスは彼に言われた。「まことに、あなたに言います。まさに今夜、鶏が二度鳴く前に、あなたは三度わたしを知らないと言います。」[31]ペテロは力を込めて言い張った。「たとえ、ご一緒に死ななければならないとしても、あなたを知らないなどとは決して申しません。」皆も同じように言った。

イエスは弟子たちのすべてを知っておられ、ご自分のことも知っておられた。これはイエスが、詩篇139編1～6節で詩人が告白した主なる神ご自身に等しい方であることを証ししている。

ここでイエスは、

(1)弟子たちのつまずきを予告された(27)。

「あなたがたはみな、つまずきます。『わたしは羊飼いを打つ。すると、羊は散らされる』と書いてあるからです」。

三つのことに気づかされる。

①「みな」と言われたこと→弟子たちの中に例外はなかった。直接裏切りをしたユダに限らず、イエスの洞察の前にはだれも立つことができない。

②「つまずく」との表現→決定的なダメージ(二度と立ち上がれないような)ではない。そこには弟子たちの将来に含みが残されている。

③「羊飼いを打つ。すると…」とあり、羊飼いなる方が打たれるという決定的なできごとがあ

った上での付随的なできごととして語られている。弟子たちのつまずきは羊飼いが打たれることのあくまでも結果である、と。

(2)ご自分のよみがえりを予告された(28)。

「しかしわたしは、よみがえった後、あなたがたより先にガリラヤへ行きます」。つまずくこととなる弟子たちに先んじて、まずご自分が立ち上がり、散らされていた弟子たちを集めること、ふたたび弟子たちを先導されることを約束された。「羊たちはその声を聞き分けます。牧者は自分の羊たちを、それぞれ名を呼んで連れ出します。羊たちをみな外に出すと、牧者はその先頭に立って行き、羊たちはついて行きます。彼の声を知っているからです」(ヨハネの福音書10章3～4節)。イエスはこのようにご自身の復活とそれが弟子たちのためであることを明言された。

(3)弟子たちのつまずきを再び予告され、しかも彼らが立ち直ることも暗示しておられた(29～31)。

「まことに、あなたに言います。まさに今夜、鶏が二度鳴く前に、あなたは三度わたしを知らないと言います」。「三度」とは、言い訳の余地のない、歴然とした事実を意味する。しかも、主を「知らない」と言ってしまうのである。しかし、それではそれは取り返しのつかないことなのだろうか。顧みるなら私たちひとりひとりも、イエスを「知らない」と言ってしまってはいないか。だがこの事実は弟子たちには「立ち直る」将来のあることを知らせるところにあった。ペテロに主が前もって何と言われたかを見る必要がある(ルカの福音書22章33節)。

2018年7月1日

「霊は燃えていても肉は弱い」14章32～42節

32さて、彼らはゲツセマネという場所に来た。イエスは弟子たちに言われた。「わたしが祈
っている間、ここに座っていなさい。」33そして、ペテロ、ヤコブ、ヨハネを一緒に連れて
行かれた。イエスは深く悩み、もだえ始め、34彼らに言われた。「わたしは悲しみのあまり
死ぬほどです。ここにいて、目を覚ましていなさい。」35それからイエスは少し進んで行っ
て、地面にひれ伏し、できることなら、この時が自分から過ぎ去るようにと祈られた。36
そしてこう言われた。「アバ、父よ、あなたは何でもおできになります。どうか、この杯を
わたしから取り去ってください。しかし、わたしの望むことではなく、あなたがお望みに
なることが行われますように。」37イエスは戻り、彼らが眠っているのを見て、ペテロに言
われた。「シモン、眠っているのですか。一時間でも、目を覚ましていられなかったのです
か。38誘惑に陥らないように、目を覚まして祈っていなさい。霊は燃えていても肉は弱い
のです。」39イエスは再び離れて行き、前と同じことばで祈られた。40そして再び戻って来
てご覧になると、弟子たちは眠っていた。まぶたがとても重くなっていたのである。彼ら
は、イエスに何と言ってよいか、分からなかった。41イエスは三度目に戻って来ると、彼
らに言われた。「まだ眠って休んでいるのですか。もう十分です。時が来ました。見なさい。
人の子は罪人たちの手に渡されます。42立ちなさい。さあ、行こう。見なさい。わたしを
裏切る者が近くに来ています。」

「ゲッセマネの園」と呼ばれていた場所での、いわゆる「ゲッセマネの祈り」の記事がここにはある。それは、よく見ると、イエスの弟子たちへのことばと、イエスご自身の祈りのことばとの、両方が含まれている。広い意味での祈りが、神への祈りと、周囲の者たちへの配慮とが一つとなったものであると、理解できる。ここでの主イエスの祈りを私たちの祈りの模範、また励ましとすべく、よく見てみよう。

⑴ 32〜34節。「ゲッセマネという場所」での弟子たちへのおことばから始まる。『わたしが祈っている間、ここに座っていなさい』。そこから三人の弟子だけを連れ出される。イエスご自身「深く悩み、もだえ始め」、それを打ち明けつつ三人に指示を与える。『わたしは悲しみのあまり死ぬほどです。ここにいて、目を覚ましていなさい』。

⑵ 35〜36節。園の奥へと進んで行き「地面にひれ伏し」て神の前に祈り始める。『できることなら、この時が自分から過ぎ去るように』。続けて『アバ、父よ。あなたは何でもおできになります。どうか、この杯をわたしから取り去ってください。しかし、わたしの望むことではなく、あなたがお望みになることが行われますように』と。この祈りこそが、ゲッセマネの祈りのまさに頂点であった。

⑶ 37〜38節。三人のところへ戻られたイエスは、「彼らが眠っているのを見て、ペテロに言われた」。『シモン、眠っているのですか。一時間でも、目を覚ましていられなかったのですか。誘惑に陥らないように、目を覚まして祈っていなさい』。そして、つけ加えて言われた。『霊は燃えていても肉は弱いのです』と。ご自身苦しみ、悩み、悲しみの中で祈られつつ、かくも弟子

たちを配慮された。

(4)39〜40節。イエスは再び三人から離れて園の奥まで行き、「前と同じことばで祈られた」。「そして再び戻って来てご覧になると、弟子たちは眠っていた」。弟子たちの弱さが「まぶたがとても重くなっていたのである」と、描写される。「彼らは、イエスに何と言ってよいか、分からなかった」とも。同情的なお心が、記事にも反映している。

(5)41〜42節。「イエスは三度目に戻って来ると」と、重ねての繰り返しが強調されている。『今夜、鶏が二度鳴く前に、あなたは三度わたしを知らないと言います』とペテロに言われたイエスのおことばが思い出されない筈はない(30節)。けれどもイエスは、その弱い弟子たちに言われた。『まだ眠って休んでいるのですか。もう十分です。時が来ました。見なさい。人の子は罪人たちの手に渡されます。立ちなさい。さあ、行こう。見なさい。わたしを裏切る者が近くに来ています』。私たちの「肉は弱い」。だがこの主によって「強くされる」のである。

2018年7月8日

「主を見捨てた弟子たち」14章43〜52節

43 そしてすぐ、イエスがまだ話しておられるうちに、十二人の一人ユダが現れた。祭司長たち、律法学者たち、長老たちから差し向けられ、剣や棒を手にした群衆も一緒であった。[44]イエスを裏切ろうとしていた者は、彼らと合図を決め、「私が口づけをするのが、その人だ。その人を捕まえて、しっかりと引いて行くのだ」と言っておいた。[45]ユダはやって来るとすぐ、イエスに近づき、「先生」と言って口づけした。[46]人々は、イエスに手をかけて捕らえた。[47]そのとき、そばに立っていた一人が、剣を抜いて大祭司のしもべに切りかかり、その耳を切り落とした。[48]イエスは彼らに向かって言われた。「まるで強盗にでも向かうように、剣や棒を持ってわたしを捕らえに来たのですか。[49]わたしは毎日、宮であなたがたと一緒にいて教えていたのに、あなたがたは、わたしを捕らえませんでした。しかし、こうなったのは聖書が成就するためです。」[50]皆は、イエスを見捨てて逃げてしまった。[51]ある青年が、からだに亜麻布を一枚まとっただけでイエスについて行ったところ、人々が彼を捕らえようとした。[52]すると、彼は亜麻布を脱ぎ捨てて、裸で逃げた。

ここでイエスの逮捕劇が展開される。祭司長、律法学者、長老という当時の権力者たちがこぞってイエスを捕らえることに意を決していたからである。そのとき、弟子たちはどうしたのか。なんと、主である方が捕らえられるための手引きをしたのが弟子の一人であり、残りの弟子たちも何らなすことなく逃げ去り、弟子志願者と見えた青年も捕らえられそうになって危うく逃げた。一人の例外もなく、弟子たちは皆、主を見捨ててしまったのである。

(1)十二人の一人のユダ(43〜46)。

「十二人の一人のユダが現れた。祭司長たち、律法学者たち、長老たちから差し向けられ、…」、

「彼らと合図を決め、『私が口づけをするのが、その人だ。その人を捕まえて、しっかりと引いて行くのだ』と言っておいた」。まるでユダがリーダーであるかのように振る舞った。「ユダはやって来るとすぐ、イエスに近づき、『先生』と言って口づけした。…」こうしてイエスは捕らえられた。ユダは、だれよりも主のそば近くにいた弟子の一人である。食卓でも「わたしと一緒に手を鉢に浸している者」（14章20節）と主に言われた弟子であった。だが、ユダにはいつか主を誤解するようになり、主に期待するよりも自分のことを考える人になってしまった。ユダはイエスを見捨てた。イエスはユダを「友よ」（マタイの福音書26章50節）とお呼びになり、最後までお見捨てにならなかったのだが。

(2)そばに立っていた残りの弟子たち（47〜50）。

「そのとき、そばに立っていた一人が、剣を抜いて大祭司のしもべに切りかかり、その耳を切り落とした」。これが弟子たちの精一杯の抵抗であった。主イエスが一切抵抗なさらず、捕り手たちをさとすように語られているのを聞いて、「皆は、イエスを見捨てて逃げてしまった」。弟子たちはぼうぜんとして、どうしたらよいかわからなかったのであろう。本心でなかったにせよ、彼らは「イエスを見捨て」たことに他ならなかった。ここでも、イエスの十字架上での最後の祈り「父よ、彼らをお赦しください。彼らは、自分が何をしているのかが分かっていないのです」（ルカの福音書23章34節）が思い出される。イエスは彼らを赦しておられた。

(3)イエスについて来ていた青年（51〜52）。

十二人のほかにもイエスについて行ったいわば弟子候補のような人たちがいた。この青年の記事はマルコの福音書にだけある。マルコ自身ではないかとの見方がある。「彼は亜麻布を脱ぎ捨てて、裸で逃げた」。だが、マルコが後にペテロの弟子のような存在となって主に仕えたことが知られている（使徒の働き12章12節ほか）。

2018年7月22日

「わたしが、それです」14章53～65節

53人々がイエスを大祭司のところに連れて行くと、祭司長たち、長老たち、律法学者たち
がみな集まって来た。54ペテロは、遠くからイエスの後について、大祭司の家の庭の中に
まで入って行った。そして、下役たちと一緒に座って、火に当たっていた。55さて、祭司
長たちと最高法院全体は、イエスを死刑にするため、彼に不利な証言を得ようとしたが、何
も見つからなかった。56多くの者たちがイエスに不利な偽証をしたが、それらの証言が一
致しなかったのである。57すると、何人かが立ち上がり、こう言って、イエスに不利な偽
証をした。58『わたしは人の手で造られたこの神殿を壊し、人の手で造られたのではない
別の神殿を三日で建てる』とこの人が言うのを、私たちは聞きました。」59しかし、この点
でも、証言は一致しなかった。60そこで、大祭司が立ち上がり、真ん中に進み出て、イエ
スに尋ねた。「何も答えないのか。この人たちがおまえに不利な証言をしているが、どうい
うことか。」61しかし、イエスは黙ったまま、何もお答えにならなかった。大祭司は再びイ

エスに尋ねた。「おまえは、ほむべき方の子キリストなのか。」[62]そこでイエスは言われた。「わたしが、それです。あなたがたは、人の子が力ある方の右の座に着き、そして天の雲とともに来るのを見ることになります。」[63]すると、大祭司は自分の衣を引き裂いて言った。「なぜこれ以上、証人が必要か。[64]あなたがたは、神を冒瀆することばを聞いたのだ。どう考えるか。」すると彼らは全員で、イエスは死に値すると決めた。[65]そして、ある者たちはイエスに唾をかけ、顔に目隠しをして拳で殴り、「当ててみろ」と言い始めた。また、下役たちはイエスを平手で打った。

(1)緊急で唐突な裁判（53～54）

「人々がイエスを大祭司のところに連れて行くと、祭司長たち、長老たち、律法学者たちがみな集まって来た」（53）。夜開かれたこの裁判自体が変則的で、異例なことだった。それに抗議することも出来ないまま、「ペテロは、遠くからイエスの後について、大祭司の家の庭の中にまで入って行った。…」（54）。身を隠すようにして。

(2)裁判中でのやりとり（55～62）

①イエスに不利な数々の偽証

「イエスを死刑にするため、彼に不利な証言を得ようとしたが、何も見つからなかった。多くの者たちがイエスに不利な偽証をしたが、それらの証言が一致しなかったのである。すると、何人かが立ち上がり、…イエスに不利な偽証をした。…しかし、この点でも、証言は一致しなかった」（55～59）。

②大祭司の高圧的な質問

「そこで、大祭司が立ち上がり、真ん中に進み出て、イエスに尋ねた。『何も答えないのか。この人たちがおまえに不利な証言をしているが、どういうことか』。しかし、イエスは黙ったまま、何もお答えにならなかった。大祭司は再びイエスに尋ねた。『おまえは、ほむべき方の子キリストなのか』」（60～61）。

③イエスの率直な証言

「イエスは言われた。『わたしが、それです。あなたがたは、人の子が力ある方の右の座に着き、そして天の雲とともに来るのを見ることになります』」（62）。

(3) 一方的で暴力的な判決（63～65）

『すると、大祭司は自分の衣を引き裂いて言った。『なぜこれ以上、証人が必要か。あなたがたは、神を冒瀆することばを聞いたのだ。どう考えるか』。すると彼らは全員で、イエスは死に値すると決めた』。全員一致で、イエスは死刑、と決定した。大祭司は最初から決めていたことを会衆の口から言わせた。この裁判は初めから結論を持っていた。「イエスを死刑にするため」（55）の裁判だったのである。判決後の会衆の暴挙が（65）、自ずとそれを証明している。

この記事で最も注目すべきは、イエスのお口から出た「わたしが、それです」（62）の一言である。ギリシャ語で「エゴー・エイミ」。6章50節にも同じおことばが。「わたしだ」。「わたしはある」（出エジプト記3章14節）と名乗られた主なる神にひとしい御子ご自身に他ならないことを、イエスはここで、宣言されたのである。不当な訴えには無言を通されたイエスが、はっきりと自己証言されたことに注意。

2018年7月29日

「泣き崩れた弟子ペテロ」14章66～72節

[66]ペテロが下の中庭にいると、大祭司の召使いの女の一人がやって来た。[67]ペテロが火に当たっているのを見かけると、彼をじっと見つめて言った。「あなたも、ナザレ人イエスと一緒にいましたね。」[68]ペテロはそれを否定して、「何を言っているのか分からない。理解できない」と言って、前庭の方に出て行った。すると鶏が鳴いた。[69]召使いの女はペテロを見て、そばに立っていた人たちに再び言い始めた。「この人はあの人たちの仲間です。」[70]すると、ペテロは再び否定した。しばらくすると、そばに立っていた人たちが、またペテロに言った。「確かに、あなたはあの人たちの仲間だ。ガリラヤ人だから。」[71]するとペテロは、嘘ならのろわれてもよいと誓い始め、「私は、あなたがたが話しているその人を知らない」と言った。[72]するとすぐに、鶏がもう一度鳴いた。ペテロは「鶏が二度鳴く前に、あなたは三度わたしを知らないと言います」と、イエスが自分に話されたことを思い出した。そして彼は泣き崩れた。

弟子たちにとって決して名誉なことではないが、福音書には、イエスが捕らえられてからの弟子たちの姿が、ありのままに、代表的にペテロを通して描かれている。

(1)逃げたペテロは見つかってしまうが弟子であることを否定する。

「ペテロが下の中庭にいると、…」(66)。一旦逃げたペテロであったが、大祭司の家まで引き返した。そこでイエスが、大祭司の尋問を受けていたからである。「…大祭司の召使いの女の一人が…『あなたも、ナザレ人イエスと一緒にいましたね』」(67)と問いただす。「ペテロはそれを否定して、『何を言っているのか分からない。理解できない』と言って、前庭の方に出て行った」(68)。このようなことが二度、三度と繰り返された。ついには「嘘ならのろわれてもよいと誓い始め、『私は、あなたがたが話しているその人を知らない』と言った」(71)。

(2)鶏が二度鳴きペテロはイエスのことばを思い出す。

「するとすぐに、鶏がもう一度鳴いた。ペテロは、『鶏が二度鳴く前に、あなたは三度わたしを知らないと言います』と、イエスが自分に話されたことを思い出した」(72)。ゲツセマネの園に行く前に、イエスはペテロに「まことに、あなたに言います。まさに今夜、鶏が二度鳴く前に、あなたは三度わたしを知らないと言います」と言われていた(14章30節)。それに対して、ペテロは「たとえ、ご一緒に死ななければならないとしても、あなたを知らないなどとは決して申しません」と、力を込めて言い張ったのであった(同31節)。だが今、イエスのおことば通りのことが起こった。

(3)ペテロ泣き崩れる。

「そして彼は泣き崩れた」(72)。自分がガラガラと崩壊していくのを実感したにちがいない。まさに立つ瀬がないという思い。だがそれと同時に、彼が思い出したイエスのおことばが、涙とともに浮かび上がった。イエスはただ事を予告されたのではなかった。ルカの福音書には次のような記事がある。イエスがペテロに言われた。「シモン、シモン。見なさい。サタンがあなたがたを麦のようにふるいにかけることを願って、聞き届けられました。しかし、わたしはあなたのために、あなたの信仰がなくならないように祈りました。ですから、あなたは立ち直ったら、兄弟たちを力づけてやりなさい」（ルカの福音書22章31〜32節）。事実、ペテロは立ち直った。そして兄弟たちを力づける生涯を送ったのである。ペテロが『あなたを知らないなどとは決して申しません』と言い張ったとき、続けて「皆も同じように言った」（14章31節）という一句が記事に残った。ペテロに起こったことは決して他人事ではない。私たちも立ち直ることができるのである。

２０１８年８月５日

「ピラトによる裁判」15章1〜15節

1 夜が明けるとすぐに、祭司長たちは、長老たちや律法学者たちと最高法院全体で協議を行ってから、イエスを縛って連れ出し、ピラトに引き渡した。2 ピラトはイエスに尋ねた。「あなたはユダヤ人の王なのか。」イエスは答えられた。「あなたがそう言っています。」3

そこで祭司長たちは、多くのことでイエスを訴えた。[4]ピラトは再びイエスに尋ねた。「何
も答えないのか。見なさい。彼らはあんなにまであなたを訴えているが。」[5]しかし、イエ
スはもはや何も答えようとされなかった。それにはピラトも驚いた。[6]ところで、ピラト
は祭りのたびに、人々の願う囚人一人を釈放していた。[7]そこに、バラバという者がいて、
暴動で人殺しをした暴徒たちとともに牢につながれていた。[8]群衆が上って来て、いつも
のようにしてもらうことを、ピラトに要求し始めた。[9]そこでピラトは彼らに答えた。「お
まえたちはユダヤ人の王を釈放してほしいのか。」[10]ピラトは、祭司長たちがねたみからイ
エスを引き渡したことを、知っていたのである。[11]しかし、祭司長たちは、むしろ、バラ
バを釈放してもらうように群衆を扇動した。[12]そこで、ピラトは再び答えた。「では、おま
えたちがユダヤ人の王と呼ぶあの人を、私にどうしてほしいのか。」[13]すると彼らはまたも
叫んだ。「十字架につけろ。」[14]ピラトは彼らに言った。「あの人がどんな悪いことをしたの
か。」しかし、彼らはますます激しく叫び続けた。「十字架につけろ。」[15]それで、ピラトは
群衆を満足させようと思い、バラバを釈放し、イエスはむちで打ってから、十字架につけ
るために引き渡した。

捕らえられたイエスはローマ総督ピラトに引き渡された。祭司長たち、長老たち、律法学者たちは、最終的にはピラトの裁きを経てしかイエスを死刑にすることは出来ないことを知っていた。そこでピラトが、イエスを裁くことになったのである。

(1)ピラトの尋問（1～5）。

「ピラトはイエスに尋ねた。『あなたはユダヤ人の王なのか』。イエスを捕らえ、まず大祭司のもとで裁きを行った指導者たちは、イエスが自分を王と自認し、ローマ皇帝カエサルに反逆する者であるとして、ピラトに訴え出たからである（ルカの福音書23章2節参照）。ピラトの問いへのイエスのお答えは、「あなたがそう言っています（別訳「そのとおりです。」）。」というものであった。「そこで祭司長たちは、多くのことでイエスを訴えた。」おそらく、イエスが自ら王であることを臆することなく公言されたので、あわててあれこれと手を替え品を替え訴え始めたのであろう。ところが、イエスは答えようとされなかった。ピラトはそれを不審に思い、「再びイエスに尋ねた。『何も答えないのか。見なさい。彼らはあんなにまであなたを訴えているが。』しかし、イエスはもはや何も答えようとされなかった。それにはピラトも驚いた。」結局、イエスは正しいことには恐れずに答え、偽りの訴えには抗弁することなく無言を貫かれた。

(2)ピラトの画策（6～11）。

彼らは、イエスが「ユダヤ人の王」と主張していると言えば、ローマ皇帝の主権に抵触するゆえ、ピラトがイエスを裁くにちがいない、と考えた。だがピラトは彼らのほんとうの動機を見抜いていた。「祭司長たちがねたみからイエスを引き渡したことを、知っていたのである。」ピラトはすでにイエスを「ユダヤ人の王」と呼ばれるに値する人物とさえ、見るようになっていた。そこで「祭りのたびに、人々の願う囚人一人を釈放していた」ならわしに従って群衆がイエスをその特赦の対象として願い出るように仕向けた。だが、「祭司長たちは、むしろ（人殺しをした暴徒である）バラバを釈放してもらうように群衆を扇動した」ため、ピラトの画策は失敗に終る。昔も今も、数が物を言うのを見ることになる。

(3)ピラトの裁決（12～15）。

ピラトが「では、おまえたちがユダヤ人の王と呼ぶあの人を、私にどうしてほしいのか」と群衆に言ったとき、答えは出てしまっていた。彼らは「十字架につけろ」と繰り返し、とうとう「ピラトは群衆を満足させようと思い、バラバを釈放し、イエスはむちで打ってから十字架につけるために引き渡した」のである。ピラトの洞察、ピラトの優柔不断、ピラトの結論。これは私たちに何を語るか。

２０１８年8月12日

「十字架のイエス」15章16～32節

16兵士たちは、イエスを中庭に、すなわち、総督官邸の中に連れて行き、全部隊を呼び集めた。17そして、イエスに紫の衣を着せ、茨の冠を編んでかぶらせ、18それから、「ユダヤ人の王様、万歳」と叫んで敬礼し始めた。19また、葦の棒でイエスの頭をたたき、唾をかけ、ひざまずいて拝んだ。20彼らはイエスをからかってから、紫の衣を脱がせて、元の衣を着せた。それから、イエスを十字架につけるために連れ出した。21兵士たちは、通りかかったクレネ人シモンという人に、イエスの十字架を無理やり背負わせた。彼はアレクサンドロとルフォスの父で、田舎から来ていた。[22]彼らは、イエスを、ゴルゴダという所（訳すと、どくろの場所）に連れて行った。[23]彼らは、没薬を混ぜたぶどう酒を与えようとしたが、イエスはお受けにならなかった。[24]それから、彼らはイエスを十字架につけた。そして、くじを引いて、だれが何を取るかを決め、イエスの衣を分けた。[25]彼らがイエスを十字架につけたのは、午前九時であった。[26]イエスの罪状書きには、「ユダヤ人の王」と書いてあった。[27]彼らは、イエスと一緒に二人の強盗を、一人は右に、一人は左に、十字架につけた。*[29]通りすがりの人たちは、頭を振りながらイエスをののしって言った。「おい、神殿を壊して三日で建てる人よ。[30]十字架から降りて来て、自分を救ってみろ。」[31]同じように、祭司長たちも律法学者たちと一緒になって、代わる代わるイエスを嘲って言った。「他人は救ったが、自分は救えない。[32]キリスト、イスラエルの王に、今、十字架から降りてもらおう。それを見たら信じよう。」また、一緒に十字架につけられていた者たちもイエスをののしった。

イエスが十字架につけられたことこそ福音の中心である。使徒パウロも「私は、あなたがたの間で、イエス・キリスト、しかも十字架につけられたキリストのほかには、何も知るまいと決心していた」（コリント人への手紙第一2章2節）と言った。

十字架のイエスに改めて目を向けよう。そこに福音のメッセージがある。

(1)からかわれたイエス（16〜20）。

「紫の衣を着せ、茨の冠を編んでかぶらせ、それから、『ユダヤ人の王様、万歳』と叫んで敬礼し…、葦の棒でイエスの頭をたたき、唾をかけ、ひざまずいて拝んだ」。こうして「彼らはイエスをからかってから…イエスを十字架につけるために連れ出した」。

(2)シモンに助けられたイエス(21)。

「兵士たちは、通りかかったクレネ人シモンという人に、イエスの十字架を無理やり背負わせた」。イエスには初対面だったと思われるこの「田舎から来ていた」シモンが思いがけずイエスを助けることとなった。

(3)十字架につけられたイエス(22〜25)。

死の苦しみを和らげるために差し出されたぶどう酒を「イエスはお受けにならなかった」ので、すぐに「彼らはイエスを十字架につけた」。「彼らがイエスを十字架につけたのは、午前九時であった」とまで記録された。文字通り歴史的事実。

(4)ピラトに認められたイエス(26)。

「イエスの罪状書きには、『ユダヤ人の王』と書いてあった」。これを書いたのは死刑宣告をしたローマ総督ピラトであった。ヨハネの福音書19章19節に明記されている。ピラトはユダヤ人の祭司長たちの抗議を「私が書いたものは、書いたままにしておけ」と一蹴した。ピラトはイエスがだれであるかを見抜いていた。

(5)罪人の一人に数えられたイエス(27)。

「彼らは、イエスと一緒に二人の強盗を、一人は右に、一人は左に、十字架につけた」とあるのは、イザヤ書53章12節「彼が自分のいのちを死に明け渡し、背いた者たちとともに数えられたからである」の預言の成就と見ることができる。ヘブル人への手紙2章17節に「イエスはすべての点で兄弟たちと同じようにならなければなりませんでした」とある。

(6)ののしられたイエス(28〜32)。

「通りすがりの人たち」も「祭司長たちも律法学者たち」も、「一緒に十字架につけられていた者たちも」こぞって「イエスをののしった」とある。「私たちは思った。神に罰せられ、打たれ、苦しめられたのだと」(イザヤ書53章4節)

２０１８年8月19日

「イエスの死」15章33〜41節

33さて、十二時になったとき、闇が全地をおおい、午後三時まで続いた。34そして三時に、イエスは大声で叫ばれた。「エロイ、エロイ、レマ、サバクタニ。」訳すと「わが神、わが神、どうしてわたしをお見捨てになったのですか」という意味である。35そばに立っていた人たちの何人かがこれを聞いて言った。「ほら、エリヤを呼んでいる。」36すると一人が駆け寄り、海綿に酸いぶどう酒を含ませて、葦の棒に付け、「待て。エリヤが降ろしに来るか見てみよう」と言って、イエスに飲ませようとした。37しかし、イエスは大声をあげて、息を引き取られた。38すると、神殿の幕が上から下まで真っ二つに裂けた。39イエスの正面に立っていた百人隊長は、イエスがこのように息を引き取られたのを見て言った。「この方は本当に神の子であった。」[40]女たちも遠くから見ていたが、その中には、マグダラのマリアと、小ヤコブとヨセの母マリアと、サロメがいた。[41]イエスがガリラヤにおられたときに、イエスに従って仕えていた人たちであった。このほかにも、イエスと一緒にエルサレムに上って来た女たちがたくさんいた。

イエスの死の様子とともに三つの証言がここで語られる。

(1)イエスの最期のおことば（33〜34）

朝9時から（25）午後3時に及ぶ長時間の苦痛。その中での最も際立った一言をマルコは記した。「イエスは大声で叫ばれた。『エロイ、エロイ、レマ、サバクタニ。』訳すと『わが神、わが神、どうしてわたしをお見捨てになったのですか』という意味である。」

イエスは私たちのために「見捨てられ」なさったのである。イザヤ書53章に預言されていたとおりである。「まことに、彼は私たちの病を負い、私たちの痛みを担った。それなのに、私たちは思った。神に罰せられ、打たれ、苦しめられたのだと。しかし、彼は私たちの背きのために刺され、私たちの咎のために砕かれたのだ。」イエスの叫びこそ、自己証言であった。

(2)百人隊長の証言（35〜39）

「イエスは大声をあげて、息を引き取られた。すると、神殿の幕が上から下まで真っ二つに裂けた。」あたかも、悲しむことさえできない我々人類に代わってでもあるかのように、神殿の幕が自ら衣を裂いて、悲しみを表現した。そのときまわりの混乱の中で、百人隊長の口をついて出た一言がこれ以上ない証言となった。「この方は本当に神の子であった。」マルコの福音書は冒頭と中程とこの終りの三箇所で、イエスに対する証言を書き残した。第一に、「神の子、イエス・キリストの福音のはじめ」（1章1節）と「天から声がした。『あなたはわたしの愛する子。…』」（1章11節）。第二に、ピリポ・カイザリアへの途上、イエスに問われ「ペテロがイエスに答えた。『あなたはキリストです。』」（8章29節）。そして第三に、この箇所でのローマ人百人隊長の証言である。

(3) 遠くから見ていた女たち（40～41）

弟子たちはこのイエスの最期の場面で、皆「イエスを見捨てて逃げてしまった」（14章50節）と言われているが、イエスに従った者のうちだれ一人残らなかったのであろうか。否、女たちがそこにいた。「女たちも遠くから見ていたが、その中には、マグダラのマリアと、小ヤコブとヨセの母マリアと、サロメがいた。イエスがガリラヤにおられたときに、イエスに従って仕えていた人たちであった。このほかにも、イエスと一緒にエルサレムに上って来た女たちがたくさんいた。」読者たちに、救われた思いをさせる記事である。この女性たちは、ここでは何一つ語りはしなかったが、彼女たちの存在そのものがイエスを証ししていると言える。いわば無言の証言を彼女たちは残してくれた。その名前が克明に記録されたのは名誉なことである。

２０１８年9月2日

「イエスの埋葬」15章42〜47節

42
さて、すでに夕方になっていた。その日は備えの日、すなわち安息日の前日であったので、
43
アリマタヤ出身のヨセフは、勇気を出してピラトのところに行き、イエスのからだの下げ渡しを願い出た。ヨセフは有力な議員で、自らも神の国を待ち望んでいた。
44
ピラトは、イエスがもう死んだのかと驚いた。そして百人隊長を呼び、イエスがすでに死んだのかどうか尋ねた。
45
百人隊長に確認すると、ピラトはイエスの遺体をヨセフに下げ渡した。
46
ヨセフは亜麻布を買い、イエスを降ろして亜麻布で包み、岩を掘って造った墓に納めた。そして、墓の入り口には石を転がしておいた。
47
マグダラのマリアとヨセの母マリアは、イエスがどこに納められるか、よく見ていた。

葬りこそは、一人の人に対しての地上でなしうるこの上ない敬意の表明である。だがイエスが地上の生涯を終えられたとき、弟子のうちだれも主を葬る者がなかった。しかし、実はイエスの葬りを丁重になし得た者がいた。さらにそこには協力者も、目撃者もいた。

(1)イエス埋葬の実行者

「アリマタヤ出身のヨセフは、…イエスのからだの下げ渡しを願い出た。ヨセフは有力な議員で、自らも神の国を待ち望んでいた。」「ヨセフは亜麻布を買い、イエスを降ろして亜麻布で包み、岩を掘って造った墓に納めた。そして、墓の入口には石を転がしておいた」(43、46)。弟

子と表明することはまだしていなかったにせよ、自ら「神の国を待ち望んでいた」一人であった。ヨセフは弟子たち以上の弟子だったと言える。人の顔を恐れず、「勇気を出して」行動を開始し、出来る限りの用意をして、手厚くイエスの遺体を扱い、自分のために準備してあった墓をイエスのために喜んで提供することまでした。

(2)イエス埋葬の協力者

「ピラトは、イエスがもう死んだのかと驚いた。そして百人隊長を呼び、イエスがすでに死んだのかどうか尋ねた。百人隊長に確認すると、ピラトはイエスの遺体をヨセフに下げ渡した」(44～45)。死刑執行の最高責任者であったローマ総督ピラトの許可なしには、犯罪者として死刑になったイエスの埋葬はかなわぬ事であった。だがピラトは喜んで許可を与えた。ピラトは「祭司長たちがねたみからイエスを引き渡したことを、知っていた」(15章10節)ので、イエスを釈放しようと努力さえしたのであった。こういう形でイエスに対する自らの気持ちを表明できたのは彼の本意であったと言える。イエスの死の場面で「この方は本当に神の子であった」(15章39節)とほめたたえることさえした百人隊長もまた、喜んで協力した。

(3)イエス埋葬の目撃者

「マグダラのマリアとヨセの母マリアは、イエスがどこに納められるか、よく見ていた」(47)。葬りの仕事を直接手伝えなかったものの、女たちが、すべてを見守っていた。イエスの死をも「遠くから見ていた」(15章40節)女性たちだった。文字通りイエスの死と葬りの目撃証人である。この女たちが三日目にしてイエスの遺体に油を塗ろうとして墓に来、復活の第一の証人ともなることができたのであった（16章1節）。

2018年9月16日

「復活の朝の出来事」16章1～8節

[1]さて、安息日が終わったので、マグダラのマリアとヤコブの母マリアとサロメは、イエ
スに油を塗りに行こうと思い、香料を買った。[2]そして、週の初めの日の早朝、日が昇っ
たころ、墓に行った。[3]彼女たちは、「だれが墓の入り口から石を転がしてくれるでしょう
か」と話し合っていた。[4]ところが、目を上げると、その石が転がしてあるのが見えた。石
は非常に大きかった。[5]墓の中に入ると、真っ白な衣をまとった青年が、右側に座ってい
るのが見えたので、彼女たちは非常に驚いた。[6]青年は言った。「驚くことはありません。
あなたがたは、十字架につけられたナザレ人イエスを捜しているのでしょう。あの方はよ
みがえられました。ここにはおられません。ご覧なさい。ここがあの方の納められていた
場所です。[7]さあ行って、弟子たちとペテロに伝えなさい。『イエスは、あなたがたより先
にガリラヤへ行かれます。前に言われたとおり、そこでお会いできます』と。」[8]彼女たち
は墓を出て、そこから逃げ去った。震え上がり、気も動転していたからである。そしてだ
れにも何も言わなかった。恐ろしかったからである。

（彼女たちは、命じられたことすべてのことを、ペテロとその仲間たちに短く伝えた。その後、イエスご自身が彼らを通して、きよく朽ちることのない永遠の救いの宣言を、日の昇るところから日の沈むところまで送られた。アーメン。）

マルコはキリストの復活の最初の証人となった女たちに焦点を合わせて、復活の出来事を描いている。

(1)女たちがイエスの墓を訪ね、そこが空になっていたのを知る（1〜4）。

「安息日が終わったので、マグダラのマリアとヤコブの母マリアとサロメは、イエスに油を塗りに行こうと思い、香料を買った」。すでに遺体は取り降ろされ、アリマタヤのヨセフとニコデモの手によって岩を掘って造られた墓に納められ、香料も塗られていた（ヨハネの福音書19章38節以下）。しかもそのことを彼女たちは見ていたが（15章40、47節）、イエスを慕う気持ちからさらに丁重に油を塗ろうとしたのであろう。「ところが」、「日が昇ったころ、墓に行った」彼女たちには、岩の墓の入り口の大きな石を開けてくれる人がいるだろうかという心配があったのに、「その石が転がしてあるのが見えた」。

(2)女たちは真っ白な衣の青年に出会い、復活の事実と自分たちのなすべき事を告げられる（5〜7）。

そこで「墓の中に入ると、真っ白な衣をまとった青年が、右側に座っているのが見えたので、彼女たちは非常に驚いた」。マタイとヨハネは「御使い」と書いている。青年と彼女たちの目には映ったのであろう。この青年は彼女たちにはっきりと福音を語る。「驚くことはありません。あなたがたは、十字架につけられたナザレ人イエスを捜しているのでしょう。あの方はよみがえられました。ここにはおられません。ご覧なさい。ここがあの方の納められていた場所です」と。福音は驚きとともにもたらされる。驚くべき良い知らせ、それが福音である。福音は受け取った者に使命を与える。「さあ行って、…伝えなさい」。まずあなたがたの知っている「弟子たちとペテロに」。あの逃げてしまった弟子たちに。あの三度も主を知らないと言ってしまったペテロに。福音はそこから広がり始まる。

(3)女たちは恐ろしかったので、ついその場から立ち去る(8)。

「彼女たちは墓を出て、そこから逃げ去った」。じっとしていることも出来ないほどに「震え上がり、気も動転していたからである」とここには記された。しかし彼女たちは言われたことを覚えていた。彼女たちは驚きと恐れを乗り越え、伝えることが出来た。続く箇所にも他の福音書にもそれは書かれている。彼女たちの驚きと恐れこそは、イエスの復活の事実の真正性を物語っていると言える。一見弱く見えたこの女たちが大きく用いられた。「神は、…強い者を恥じ入らせるために、この世の弱い者を選ばれました」(コリント人への手紙第一1章27節)。

2018年9月30日

「全世界へ出て行って」16章9〜20節

9（さて、週の初めの日の朝早く、よみがえったイエスは、最初にマグダラのマリアにご自分
を現された。彼女は、かつて七つの悪霊をイエスに追い出してもらった人である。10マリアは、
イエスと一緒にいた人たちが嘆き悲しんで泣いているところに行って、そのことを知らせた。11
彼らは、イエスが生きていて彼女にご自分を現された、と聞いても信じなかった。12それから、
彼らのうちの二人が徒歩で田舎に向かっていたとき、イエスは別の姿でご自分を現された。13
その二人も、ほかの人たちのところへ行って知らせたが、彼らはその話も信じなかった。14そ
の後イエスは、十一人が食卓に着いているところに現れ、彼らの不信仰と頑なな心をお責めに
なった。よみがえられたイエスを見た人たちの言うことを、彼らが信じなかったからである。15
それから、イエスは彼らに言われた。「全世界に出て行き、すべての造られた者に福音を宣べ
伝えなさい。16信じてバプテスマを受ける者は救われます。しかし、信じない者は罪に定めら
れます。17信じる人々には次のようなしるしが伴います。すなわち、わたしの名によって悪霊
を追い出し、新しいことばで語り、18その手で蛇をつかみ、たとえ毒を飲んでも決して害を受
けず、病人に手を置けば癒やされます。」19主イエスは彼らに語った後、天に上げられ、神の
右の座に着かれた。20弟子たちは出て行って、いたるところで福音を宣べ伝えた。主は彼らと
ともに働き、みことばを、それに伴うしるしをもって、確かなものとされた。）

マルコの福音書は主イエスが弟子たちに「全世界に出て行って」の福音宣教を命じられたところで終わっている。だが、それに加えて、イエスが天に帰られたこと、残された弟子たちが命じられたとおりに行ったこと、その働きに主イエスがともに働いて下さったことも、記されている。しかもここには、いち早く主のご復活を信じ弟子たちに取り次いだ素朴な人たちの姿も簡潔かつ率直に、描かれている。

(1)マグダラのマリア（9～11）

「週の初めの日の朝早く、よみがえったイエスは、最初にマグダラのマリアにご自分を現された」とある。最初の目撃者、光栄なことである。しかも「彼女は、かつて七つの悪霊をイエスに追い出してもらった人である」と。彼女の不幸と思われる過去が、ここであからさまに紹介される。しかし、そのようなことがあったからこそ彼女はイエスを心からお慕いし、イエスもまた彼女をこよなく愛されて、ご自分の復活の最初の証人として選ばれた。「マリアは、イエスと一緒にいた人たちが嘆き悲しんで泣いているところに行って、そのことを知らせた」。だが「彼らは、イエスが生きていて彼女にご自分を現された、と聞いても信じなかった」。その彼らは、マリアの前で恥じ入らなければならない。

(2)二人の弟子（12～13）

「それから、彼らのうちの二人が徒歩で田舎に向かっていたとき、イエスは別の姿でご自分を現された。その二人も、ほかの人たちのところへ行って知らせたが、彼らはその話も信じなかった」。この二人も、最初から主に選ばれた十二人の中にはいなかったが、ルカの福音書24章が詳述しているような曲折はあっても、素直に信じた。二人も「ほかの人たちところへ行って知らせたが、彼らはその話も信じなかった」。二人のうちの一人は「クレオパ」（ルカの福音書24章18節）だが、もう一人の名は知らされていない。だがこの二人も弟子たちに先立ってマリアに続く主の復活の証言者として、聖書の中にその存在と働きが記されることとなった。

(3) 十一人の弟子（14〜20）

「その後イエスは、（ユダを除く）十一人が食卓に着いているところに現れ、彼らの不信仰と頑ななな心をお責めになった」が、彼らに「全世界に出て行き、すべての造られた者に福音を宣べ伝えなさい」とお命じになる。そして彼らが、おことばどおりに「出て行って、いたるところで福音を宣べ伝えた」。このように、名もなく弱い者たちを信仰と救いに導かれた「イエスご自身が彼らを通して、…（福音を）日の昇るところから日の沈むところまで送られた」（「短い補遺」16章8節）。「主は彼らとともに働き、みことばを…確かなものとされた」のである。

２０１８年10月７日

第二部　トラクト集

イエスの三つの質問

イエスのなさった質問の中から、きわめて重要と思われるものを三つだけ選んでみました。三つとも、私たち自身が問いかけられたとしたら、何と答えるだろう、と考えてみると、その重要性がわかる、そういう性質の質問です。

その第一、「よくなりたいか」。これは、エルサレムのベテスダの池というところで38年間病気にかかっていた人に向けて、イエスの言われたことばです（ヨハネの福音書5章6節）。

その第二、「あなたがたは、わたしをだれだと言いますか」。これは、弟子たちに向かって、改まった仕方で、しかも親しく問いかけられた質問です（マタイの福音書16章15節）。

その第三、「このことを信じますか」。これは、マルタ、マリヤ、ラザロ、というイエスに愛されていた三人の兄弟姉妹のうち、兄弟ラザロを失って悲しんでいたマルタとマリヤの姉妹に、正確には姉のマルタに向かってたずねられた質問です（ヨハネの福音書11章26節）。「このこと」とは、すぐ前に言われた事柄をさします。「わたしは、よみがえりです。いのちです。わたしを信じる者は死んでも生きるのです。また、生きていてわたしを信じる者は、決して死ぬことがありません」というおことばです。

この三つの質問は、別のことばで言うなら、第一は「人生観」、第二は「宗教観」、第三は「死生観」を私たちに問うものです。では、その一つ一つを考えてみましょう。

第一に、私たちはよい人生を送りたいと願っているだろうか、ということです。それを、イエスは問いかけてくださる。あの池のそばにいて38年間もの間病気で苦しんでいた男は、どうだったでしょう。池の水が動いたとき、いち早く池の中にはいった者はなおる、という伝説か迷信かをかすかなたのみとして、彼はここに来ていたのです。だが彼はそこに横たわっているだけで自分の足で歩くこともできなかった。そしてだれも助けてくれなかった。その彼にイエスは目をとめ、「よくなりたいか」と言われたのです。この男はすかさず「よくなりたいです」と答えたかというと、そうではなく、その口から出たのは「だれも助けてくれないのです」という、愚痴でした。彼は人生をあきらめかけていたのかもしれません。「よくなりたい」という願いすらほとんど消え失せていたかと見えました。しかし、イエスは人生への望みが彼のうちに少しでも残っているのを、見抜いておられ、それを引き出そうとして、「よくなりたいか」と、あえておたずねになったと思われます。

「あなたがたのために立てている計画…それはわざわいではなくて、平安を与える計画であり、あなたがたに将来と希望を与えるためのものだ」（エレミヤ書29章11節）。これが神の計画でありみこころであるからです。この神がおられる以上、私たちの人生には希望があり、私たちは人生に希望を持つべきなのです。たとい38年もの間人生に希望を見いだせないで来た人であろうとも、です。幼い小学生でさえも人生に絶望しようとする今の時代。しかし、私たちの所に来て、「よくなりたいか」と問いかけてくださる、そして事実「よく」してくださるイエスがおられる。この方によって、私たち一人々々が「よい人生」への希望を取り戻すことができたなら、どんなに幸いでしょう。

第二に、私たちは宗教を持っているでしょうか。そのことを、イエスは私たちに問われます。日本にいると、宗教を持たないでもすませられるかのような錯覚に陥りやすいようです。海外に出て、しばしば「あなたの宗教は何か」と聞かれてみて初めて、自分が宗教を持っていなかったことを恥じるようになったと、マレーシアから帰国する飛行機の中で私に打ち明けてくれた某大企業の重役がいました。聖書はしかし、宗教とは何かを論じたり、宗教一般を勧めたりすることはせず、単刀直入に、「わたしをだれだと言いますか」と、私たちに問いかけられるお方を紹介する。そう問いかけられるイエスに私たちは聖書で出会うのです。

イエスは弟子たちにたずねられました。「人々は、わたしをだれだと言っていますか」そして「あなたがたは？」と。聖書全体が、私たちにこの一つの問いを問いかけてきています。アグリッパ王は使徒パウロを取り調べていたつもりだったのが、逆に問い詰められ、「あなたは、わずかなことばで、私をキリスト者にしようとしている」と言い返す羽目となりました（使徒の働き26章28節）。私たちが聖書を普通に読んで行くなら、必ず「あなたはイエスをだれだと言いますか」と、問い詰められる時が来ます。「宗教とは何か」という抽象的な質問ではなく、「イエスはだれか」というストレートな質問に、否応なく出会います。この「イエスを主と信じる」ことこそが、聖書の宗教への入口でありそのゴールでもあります。イエスにおいて、宗教は単純かつ明快なものとなります。「イエスを信じる」か否か、「イエスは主であると告白する」か否か、これが聖書の問いであり、ここに聖書の宗教があります。この宗教に立つとき、宗教はもはや謎でも重荷でもなくなり、求めてやまなかった解答をついに得た者として慰めに満ちた解放と、立ち返るべき所に帰り得た者としての平安に満ちた喜びとになるのです。私たちを問い詰めてやまない、そしていつかは答えなければならないこの問いに、文字通りイエスと答えるときに、私たちはイエスによって真の宗教を持ち得たと言えます。弟子たちは、宗教家にでなく、イエスを信じる者になり、イエスに従う人間、イエスにあって自立した人間になって行ったのです。

第三に、イエスは私たちに確固たる「死生観」を持つことを求められました。ご自身を信じる者に対して、一つの真理を約束されながら、それこそが最重要事とおっしゃらんばかりに、それを信じることを求められたのです。それが「いのちと死」にかかわる真理です。「いのち」、これほど大事なことがほかにあるでしょうか。そして、その前にたちはだかるかに見える「死」、これほど深刻なことがほかにあるでしょうか。それなのに、人はそれをつきとめようとしない。いや、あるいはつきとめることができない、と言うべきでしょうか。古今東西いまだかつて、イエスに聞くことなしにその答えを見いだした者はいません。驚くほどに明快に、イエスは死を語り、いのちを語られました。死といのちをつなぐものとしての復活を語り、死を越えて生きる、死ぬことのない永遠のいのちのあることを語られました。復活のカギを持っておられるご自分を語り、ご自分のうちにあって私たちに分かち与えることのできる永遠のいのちを約束されました。そして、「このことを信じるか」と、このことを強調されたのです。

「イエスを信じる」ことと「このことを信じる」ことはイコールである、と。この二つは切り離せない。「わたしを信じる」なら「このことを信じる」ように、と。ただキリスト教の教理の一つとして信じるのではなく、イエスを信じる者の一人々々が自分のこととして信じるようにと。マルタもマリヤも、悲しみに暮れていた。イエスを信じながら、このことを信じていなかった。そのようなことがあってはならない。「マルタよ、このことを信じるか」。「トマスよ、このことを信じるか」。「信じない者にならないで、信じる者になりなさい」（ヨハネの福音書20章27節）。このイエスのお約束の上に立って、パウロもキリスト者たちに教えました。「眠った人々のことについては、兄弟たち、あなたがたに知らないでいてもらいたくありません。あなたがたが他の望みのない人々のように悲しみに沈むことのないためです。私たちはイエスが死んで復活されたことを信じています。それならば、神はまたそのように、イエスにあって眠った人々をイエスといっしょに連れて来られるはずです」（テサロニケ人への手紙第一4章13～14節）。

真剣に問いかけてくださるイエスの質問に、私たちも一人々々、真剣に答える者となりましょう。

２００７年

ナタナエルとトマス

ナタナエルとトマス、この二人のことを聖書の中で描いているのは、ヨハネだけです。ナタナエルに至っては、名前そのものがヨハネの福音書にしか出ていませんが、他の福音書で十二使徒の中に数えられているバルトロマイと同一人物ですので、トマスとともに主に選ばれた12人の弟子の中にいたのです。でもヨハネだけが、この二人についてそれぞれのエピソードを書き残してくれました。

ヨハネの福音書は「出会いの福音書」とも呼べる内容で、イエスにお会いした何人かの人物に焦点を合わせながら書き進めています。冒頭の1章11、12節はこの福音書のまえがきとも言える箇所ですが、次のようになっています。「この方はご自分のくにに来られたのに、ご自分の民は受け入れなかった。しかし、この方を受け入れた人々、すなわち、その名を信じた人々には、神の子どもとされる特権をお与えになった。」ヨハネは、「この方を受け入れた人々」の実例として何人かを選んでこの福音書に書いたと思われます。

まず1章には、イエスとお会いした弟子の名を順番にあげた上で最後にナタナエルのことをくわしく書きました。以下2章では母上マリヤ、3章ニコデモ、4章にはサマリヤの女、…というふうに次々とイエスに出会った人々を描いて行き、最後に20章で復活されたイエスにお会いしたトマスについてもくわしく書きました。最後の最後21章には復活の主とペテロとの出会いのくわしい記事もありますが、この章は前の章の終わりがあとがきのようなことばで結ばれているため、著者自身の追加文と見られます。こうしてみると、イエスとの出会いを描いたこの福音書の特徴的な書き方は、ナタナエルに始まってトマスに終わっていると言えます。

ほかの福音書記者が描かなかったこの二人に、ヨハネは特に注目して読者に紹介しました。まえがきで言われた「この方を受け入れた人々」の代表、イエスによって「神の子どもとされる特権」を頂いた人々の代表として、ヨハネはあえてナタナエルとトマスを選んだのです。さらに、20章末尾のあとがきはこうです。「これらのことが書かれたのは、イエスが神の子キリストであることを、あなたがたが信じるため、また、あなたがたが信じて、イエスの御名によっていのちを得るためである。」（20章31節）この目的にも、この二人は最もふさわしい実例としてヨハネは見ていたにちがいありません。

さて、「この方を受け入れた人々」、すなわち「イエスが神の子キリストである」ことを信じた人々の代表として、ヨハネが私たち読者にぜひ紹介したいと考えたナタナエルとトマスには、共通点があります。それは、偏見や疑いを持ったままイエスと出会った点です。

ナタナエルは、友人のピリポから一足先にお会いした「ナザレの人で、ヨセフの子イエス」に会うよう勧められたとき、「ナザレから何の良いものが出るだろう。」と答えました。とりつくしまもありません。それでもあきらめないピリポに連れられてイエスにお会いしたナタナエルは、イエスのお口から出た一言二言で、偏見が取り去られる体験をしました。「これこそ、ほんとうのイスラエル人だ、彼のうちには偽りがない。」「わたしは、ピリポがあなたを呼ぶ前に、あなたがいちじくの木の下にいるのを見たのです。」

トマスは、イエスが復活された後弟子たちの前に現われなさったときに、そこに居合わせず、「私は、その手に釘の跡を見、私の指を釘のところに差し入れ、また私の手をそのわきに差し入れてみなければ、決して信じません。」と言い張りました。しかし、そのトマスにふたたび現われてくださったイエスのおことばに、固い心が砕かれ、疑いは消え去りました。「あなたの指をここにつけて、わたしの手を見なさい。手を伸ばして、わたしのわきに差し入れなさい。信じない者にならないで、信じる者になりなさい。」

二人は、即、信仰告白に導かれました。共通の体験です。ナタナエルは、「先生、あなたは神の子です。あなたはイスラエルの王です。」トマスは、「私の主、私の神。」

さらにもう一つの共通点があります。トマスとナタナエルは、東への宣教の先駆者となりました。インドにはトマスの宣教の足跡が歴然と残っており、殉教の地も残っています。バルトロマイすなわちナタナエルは、アルメニアで殉教したことが知られています。中東・西アジア教会は中国大陸から太平洋にまで届く宣教を迫害の中で実行し、景教の名でのキリスト教宣教の波はすでに古代日本にまで及んでいたかもしれないとさえ言われるようになりました。シルクロードを通って西から東に向かう人と文化の流れに乗って、キリスト教とその影響は想像以上に古い時代に東の地の果てにも届いていた可能性があります。

西への宣教がパウロたちによって始められたことは新約聖書の記録によって知られていますが、東への宣教は、ギリシャ正教が東欧・ロシアへと広がった歴史を含め、今日まできわめてアンバランスなほど知られないままでいます。日本のキリスト教にも、あまりにも西欧・欧米型キリスト教の影響のみが強く、それが福音の土着化を妨げているのかもしれません。ヨハネが福音書を書くにあたって特に注目していたと思われるナタナエルとトマスが、東のキリスト教のルーツに立つ存在となったことは、決して偶然ではありません。

二人には論理的というよりは実践的、観念的というよりは現実的なものが感じられます。ヨハネには、地の果てへの宣教の担い手としてイエスご自身が深い洞察とご期待の目を二人に向けておられることを、直感的に見抜くだけの全世界大の視点があったのかもしれません。

私たちの愛すべき同胞、その多くがいまだに偏見と疑いの目を持ってキリスト教を見ています。しかし、イエスご自身にお会いする時が来たなら、偏見や疑いの目は晴れ、ナタナエルやトマスのように、アイデンティティをしっかりと持ち、かつ実践的・献身的なキリスト者となり、祖国への福音の担い手として立ち上がることでしょう。その日が来ることを待ち望んで祈ってやみません。

２０１１年

ヨブの苦難と忍耐

「苦難と忍耐については、兄弟たち、主の御名によって語った預言者たちを模範にしなさい。見なさい。耐え忍んだ人たちは幸いであると、私たちは考えます。あなたがたは、ヨブの忍耐のことを聞いています。また、主が彼になさったことの結末を見たのです。主は慈愛に富み、あわれみに満ちておられる方だということです。」

（新約聖書ヤコブの手紙5章10～11節）

ヤコブは、ここで三つのことを私たち読者に教えてくれています。

1、聖書は「苦難と忍耐」のテーマで語っている

このテーマは、ヤコブの手紙全体の主要なテーマになっています。冒頭の1章1節に短いあいさつを述べた後、すぐに「私の兄弟たち。さまざまな試練に会うときは、それをこの上もない喜びと思いなさい。」（ヤコブの手紙1章2節）と始め、「信仰がためされると忍耐が生じるということを、あなたがたは知っているからです。」（3節）と続けます。苦難と言う代わりに試練と言っていますが、私たちが苦難に会うとき、それは主が私たちのためにお許しになった試練にほかならない、という、聖書全巻に一貫した理解を、いわば大前提として語っているかのようです。1章の少し先のところにも、「試練に耐える人は幸いです。耐え抜いて良しと認められた人は、神を愛する者に約束された、いのちの冠を受けるからです。」（12節）と、再び同じテーマに戻って読者を励ましています。

「苦難と忍耐」のことでは「主の御名によって語った預言者たちを模範にしなさい」とヤコブが言ったのは、その模範を聖書の中で見出すことができるし、またそうするようにと読者に奨めているわけです。彼らは苦難の中で、それを試練として立派に耐え抜いたのだから、と言いたいのです。そう言ってすぐ、ヤコブはヨブの名を挙げています。模範とすべき預言者としてヨブを選んだのには、いささか驚きます。ヨブはいわゆる預言者ではないからです。旧約聖書ヨブ記の冒頭記事は、ヨブのことを簡潔に、「この人は潔白で正しく、神を恐れ、悪から遠ざかっていた」とだけ紹介しています。人の尊敬を集めていたにせよ、職業的預言者として知られた人物ではあり

ません。しかし、このヤコブのヨブへの見方は、ちょうど主イエスがイスラエルの王ダビデを預言者のように見ておられた（マタイの福音書22章43～44節）のと似ています。そして、ヨブ記という聖書の中のあたかも文学的作品のように見られがちなこの書物を、実ははっきりとしたメッセージを持つ預言書として、少なくともヤコブは見ていたことを知らされます。

私たちはヨブ記をどう読んでいるでしょうか。「苦難と忍耐」の書として、特に「ヨブの忍耐」を自らの規範として読み取ることが望まれていると思います。東日本大震災という、２０１１年、私たちが出会った大きな苦難の中で、今こそ聖書から、主のメッセージを聴くべき時なのではないでしょうか。

2、耐え忍んだ者は幸い

ヤコブは結論のように、「見なさい。耐え忍んだ人たちは幸いであると、私たちは考えます。」と言っています。「(試練を) この上もない喜びと思いなさい。」「試練に耐える人は幸いです。」と手紙の最初に言ったのを繰り返すようにして「幸い」を強調しています。この手紙を書いたヤコブは十二使徒のヤコブではなく、主イエスの肉親の兄弟であるヤコブで、主の復活後に使徒たちに加わり、教会の中心的存在と認められた人です。「信仰のみ」を強調したパウロに比べられてか、信仰から出てくる「行い」の面を力説したヤコブは、その手紙の真意が誤解され、過小評価される向きもありました。しかし、「耐え忍んだ人の幸い」がシンプルに説かれているヤコブのメッセージには、主イエスご自身の山上の説教と共鳴する祝福の響きが込められています。特に、ヨブの忍耐への注目を促したヤコブは、ヨブこそが「耐え抜いて良しと認められた人」として「いのちの冠を受ける」という神の大きな祝福の証人であることを言いたかったのでしょう。ヨブの苦難がどれほどのものであったかは、ヨブ記を読むすべての人に明らかにされていますが、ヤコブはとりわけ「主が彼になさったことの結末」への注目を促しています。結末において、ヨブは大きな試練の中からついに逃れることができ、回復したというのではなく、「いのちの冠を受け」たのです。単なる結末ではなく、「主が彼になさったことの結末」です。主がいかなる方であるか、を知るに至ったのです。それがまさに、「いのちの冠」と呼ぶに値する体験であり、祝福であったのです。

苦しみの中で、のたうち回るようにして、神に叫び続けるヨブを見た三人の友人は、理解も同情もしきれなくなってヨブをたしなめ、責め立てるようにさえなります。ヨブの苦しみは倍加します。最後に登場する若者エリフも、先輩たち三人の不甲斐なさに我慢できず、代わってヨブに語りますが、これもむなしく終わります。ヨブ記は、苦難の中にある者を真に救いうる人がいかにこの世にいないかを証しする物語とも言えます。ついに、神ご自身がヨブに語られ、ヨブは「ちりと灰の中で」神を仰ぎ見ます。「私はあなたのうわさを耳で聞いていました。しかし、今、この目であなたを見ました。」（ヨブ記42章5節）これが、ヨブ記の結末です。さらに、見逃せない記述があります。

主がヨブの友人たちに、わたしの怒りはあなたがたに向かって燃える、と言われ、「それは、あなたがたがわたしについて真実を語らず、わたしのしもべヨブのようではなかったからだ。」（7

節）と言われたのです。友人たちは主の指示に従ってヨブのところに行き、ヨブもまた主に命じられるまま友人たちのために祈る。「主はヨブの祈りを受け入れられた。」（9節）「ヨブがその友人たちのために祈ったとき、主はヨブを元どおりにし、さらに主はヨブの所有物をすべて二倍に増された。」（10節）。試練を通して主にお会いしたヨブによって、友人たちまでもが祝福を受けた。人はみな、主がいかなる方かをあまりにも知らない。しかし「主は慈愛に富み、あわれみに満ちた方」であられ、与えられた試練の中で、「耐え抜いて良しと認められた者」を通してご自身を明らかにされる。ヨブはそのご計画のために用いられた。ヤコブの説き明かしが、私たちにヨブ記を見る目を開かせ、ヨブを自らの模範として受け入れることを教えてくれているのです。

3、主の御名によって語った預言者ヨブ

話は元に戻りますが、ヤコブは「主の御名によって語った預言者たち」の代表として、ヨブを紹介しました。「苦難と忍耐については、主の御名によって語った預言者たちを模範にしなさい。…あなたがたは、ヨブの忍耐のことを聞いています。」と続きます。ヨブを預言者の一人と呼ぶ大胆さは、ダビデを預言者とした主イエスのそれに通じる、とも言いました。では、ヨブの預言とは何だったのでしょう。「主は慈愛に富み、あわれみに満ちておられる方だということです。」と、ヤコブが説き明かしてくれました。ヨブはあまりにも苦しみが大きいので、「こんなことでは、死んだ方がましだ」「私の生まれた日を呪う。」などといったたぐいの言葉を口にし、友人たちからは裁かれ、責め続けられました。しかし、主はヨブの愚痴をあわれみをもって聞かれ、ヨブを受

け入れ続けてくださいました。ヨブが耐え抜くことができたのは、実は主のご忍耐のゆえでした。最後まで主は、「わたしのしもべヨブ」と呼んで、変わらぬいつくしみを示されました。ヨブは試練の中で、慈愛とあわれみに富んだ主ご自身を、身をもって証した預言者と言うことができます。さらに言えば、ヨブは、「理由なしに」（ヨハネの福音書15章25節）苦しみを受け、私たちを「贖う方」（ヨブ記19章25節）となられた主イエスご自身を、宣べ伝えた預言者でもあったのです。

２０１２年

母マリヤとイエス

それから三日目に、ガリラヤのカナで婚礼があって、そこにイエスの母がいた。イエスも、また弟子たちも、その婚礼に招かれた。ぶどう酒がなくなったとき、母がイエスに向かって「ぶどう酒がありません」と言った。すると、イエスは母に言われた。「あなたはわたしと何の関係があるのでしょう。女の方。わたしの時はまだ来ていません。」母は手伝いの人たちに言った。「あの方が言われることを、何でもしてあげてください。」さて、そこには、ユダヤ人のきよめのしきたりによって、それぞれ八十リットルから百二十リットル入りの石の水がめが六つ置いてあった。イエスは彼らに言われた。「水がめに水を満たしなさい。」彼らは水がめを縁までいっぱいにした。イエスは彼らに言われた。「さあ、今くみなさい。

そして宴会の世話役のところに持って行きなさい。」彼らは持って行った。宴会の世話役はぶどう酒になったその水を味わってみた。それがどこから来たのか、知らなかったので、―しかし、水をくんだ手伝いの者たちは知っていた―彼は、花婿を呼んで、言った。「だれでも初めに良いぶどう酒を出し、人々が十分飲んだころになると、悪いのを出すものだが、あなたは良いぶどう酒をよくも今まで取っておきました。」イエスはこのことを最初のしるしとしてガリラヤのカナで行い、ご自分の栄光を現された。それで、弟子たちはイエスを信じた。

（ヨハネの福音書2章1～11節）

ヨハネは、イエスがガリラヤのカナでナタナエルをご自分の弟子とされたことを、福音書1章の最後に書いたのに続いて、それから三日目に、同じカナで起った出来事を書き記した。ヨハネの福音書での主人公は一貫してイエスであるが、ヨハネはイエスと出会った人々を次々と登場させる書き方をしている。その意味では、ナタナエルに続く登場人物としてヨハネが選んだのは、ほかならぬイエスの母マリヤであった。ここで、イエスは水をぶどう酒に変えるというしるし（奇跡）を行われたのであるが、その記事は母マリヤとイエスの対話を中心に書き進められている。そして、その一言一言が、イエスのしるしを引き出したことをあかししている。

1、母マリヤのリクエスト

①「ぶどう酒がありません」（3節）

このしるしが行われたきっかけは婚宴の席の裏側で働いていた母マリヤの一言であった。この母のリクエストに対するイエスのおことばの意外さからすると、この母の発言の率直さにこそ目を見張るべきなのかもしれない。母がイエスをいかに信頼していたかがわかる。結果としてイエスはこの求めに対して、特別なみわざを行うことで応じられ、「ご自分の栄光を現された」（11節）のであるから、この母の求めは正しかった。思えば、イエスのところに何かを求めて来て空しく帰って行った者はいない。「わたしのところに来る者を、わたしは決して捨てません」（ヨハネの福音書6章37節）とは、後にイエスご自身が言われたおことばである。

②「あの方が言われることを、何でもしてあげてください」（5節）

求めに即応じることをなさらなかったイエスにも、母はたじろがなかった。かえってそこに居合わせた手伝いの者たちに、迷うことなく指示を出した。これも、母のイエスに対する信頼の表れであった。イエスのおことばは、あたかもお断りとも受け取れるものだったが、母はそう取らなかった。むしろ、応えてくださると、疑わずに信じた。宗教改革者ルターのことば「神は祈りを必ず聞かれる。しかし、時と方法は神にゆだねるべきである」を、母はまさに地で行っている。母自身がイエスの口から出ることばを全面的に信じ、まわりの者たちにも、全面的に従ってくれることを頼んだ。

2、イエスのレスポンス

①「あなたはわたしと何の関係があるのでしょう。女の方。わたしの時はまだ来ていません」（4節）

それにしても、驚くべきおことばである。母に向かって「何の関係が…」とは。母を「女の方」と呼ばれるとは。だが、母はこのことばを受けとめた。かえって、「わたしの時はまだ来ていません」とのおことばの前に、イエスとともにへりくだった。母として、いつも「神の時」に従って、神の時を「わたしの時」として、イエスが歩んでいることを知っていたからである。地上での母と子との関係にまさる、み父との関係を、イエスを通して母は知り始めていた。イエスの母である前に、神の前に立つひとりの人、神に造られたひとりの女としての、いわば原点に立ち返ることを、母は思い起こされ、へりくだらせられたのではないだろうか。しかも、信頼をもって。この神への信頼こそが、母マリヤをこの場面で雄々しく立たしめた信仰にほかならなかった。

② 「水がめに水を満たしなさい」(7節)

イエスが手伝いの者たちに命じられたのは、決してむずかしいことではなかった。イエスのおことばにそのまま従うことだけが、要求され、彼らはそれをした。それは普通の水だったし、彼らはそれを知っていた。イエスは私たちのできないことを私たちに要求なさらない。私たちがイエスのおことばを信じて従うことだけを求められる。「神を愛するとは、神の命令を守ることです。その命令は重荷とはなりません」(ヨハネの手紙第一5章3節)。手伝いの者たちは、母に指示されていたので、イエスの言われる通りにした。

③ 「さあ、今くみなさい。そして宴会の世話役のところに持って行きなさい」(8節)

「彼らは持って行った」(8節)。ここでも彼らはイエスの言われることをしただけだった。「宴会の世話役はぶどう酒になったその水を味わってみた」（9節）。ヨハネの描写には少しも大げさなところがない。手伝いの者たちも、世話役も、何一つ特別のことをしなかった。裏方で何がなされたかを、世話役は知らなかった。「しかし、水をくんだ手伝いの者たちは知っていた」（9節）。イエスがなさったことであった。

3、ヨハネのコメント

「イエスはこのことを最初のしるしとしてガリラヤのカナで行い、ご自分の栄光を現された。それで、弟子たちはイエスを信じた」（11節）と、ヨハネは淡々と書いている。ヨハネはその「弟子たち」の一人であり、目撃証人である。この出来事を新聞記者のように、あるいは歴史的な記述として書くこともできただろうが、そうはしなかった。ヨハネの視点は、水がぶどう酒に変えられた宴会の舞台裏のほうに定められており、宴会の世話役にも、あるいは世話役から「あなたは良いぶどう酒をよくも今まで取っておきました」（10節）と褒められた花婿にも、ひいては広くカナの人々にも、イエスによって起った事の真相が後からでも知らされたかどうか、「手伝いの者たちは知っていた」のだからそれはあり得たことではあるが、いっさい触れていない。

ヨハネの関心は母マリヤとイエスの「出会い」と「対話」にもっぱら向けられており、イエスのご栄光が現された結果として弟子たちが信じた点に言及するにとどめたことに、この記事の特色がある。そもそも、ヨハネがこの福音書を書いた目的は、この書のあとがきと言える20章末尾の「これらのことが書かれたのは、イエスが神の子キリストであることを、あなたがたが信じるため、また、あなたがたが信じて、イエスの御名によっていのちを得るためである」という一点にあった。したがって、この記事が「弟子たちはイエスを信じた」との記述で結ばれているのは、決して付け足しではなかった。では、イエスの母マリヤ自身はどうだったのかを、知りたくなる。ふしぎに母マリヤの信仰へのあからさまな言及はない。しかし、この記事によって、私たち読者は、母マリヤのイエスへの信頼、そしてイエスのおことばへの従順に触れることができた。

「母マリヤがイエスが神の子であることを信じたのはいつか」という、お決まりのような質問には、当のヨハネ自身は答えていない。だが、イエスがご自身の母への尊敬と感謝の念を一貫して持ちながら、この記事に見られるように、神の前に自立した信仰者として立たれるようにとの熱き願いと祈りを込めて接し続けられたことを、ヨハネは知っていた。十字架の上から「女の方。そこに、あなたの息子がいます」と母に声をかけられ、「そこに、あなたの母がいます」とその母を委ねられたのは、ほかならぬヨハネに対してであったことを、ヨハネ自身が福音書に書き留め、「その時から、この弟子は彼女を自分の家に引き取った」とも書き加えた（19章26〜27節）。こうして母マリヤはヨハネとともに、イエスの弟子の仲間入りを果たした。読者がイエスを神の子キリストと信じ、イエスの御名によっていのちを得る者となるために、と書き残した福音書に、ヨハネがイエスの母マリヤをその目的のための一人の見本として選んだということは、このマリヤの信仰と従順の記事が、私たち自身へのチャレンジまた励ましとなるからである。

２０１３年

ポンテオ・ピラトのもとに

『使徒信条』の中に、「ポンテオ・ピラトのもとに苦しみを受け、」という一節があります。これは、「我はその独り子、我らの主、イエス・キリストを信ず。」に始まる、御子なる主への信仰を表明する段落に出てくる告白文の一節です。「主は聖霊によりてやどり、処女（おとめ）マリヤより生れ、」のあとに「ポンテオ・ピラトのもとに苦しみを受け、」とあり、以下、「十字架につけられ、死にて葬られ、陰府（よみ）にくだり、三日目に死人のうちよりよみがえり、天にのぼり、全能の父なる神の右に座したまえり、」と続きます。

全世界の教会が今日も告白し続けているこの歴史的な信仰告白の、見事に簡潔で短い告白文の中に個人名が出ているのは、キリストご自身を別にすればわずか二名、マリヤとピラトだけです。キリストご在世の当時、ローマ総督（ユダヤを支配していたローマ帝国から派遣されたローマ人の総督）であったポンテオ・ピラトの名は、こうして時代を超えてあまねく世界に知られることとなりました。世界中の代々の教会がこの信条に従って信仰を告白するたびごとに、彼の名を口にするからです。

では、ピラトの名とともに御子キリストを告白することの意義を、改めて考えてみましょう。

第一に、『使徒信条』にこうしてピラトという歴史上の人物の名が登場することによって、私たちの告白するイエス・キリストご自身がまさしく人類の歴史のただ中に入って来られ、歴史の中を歩み、生きられた方であることが、証しされているのです。私たちは、人となって来られたキリストを告白するのです。キリストが来られたのは、決して作り話でもお伽話でもないということです。

第二に、ピラトこそが、イエスを死に至らせた責任を持つ人物であることを言い表しています。事実、聖書の証言によって、イエスに死刑の宣告を下したのは彼だったことが知られています。「十字架につけろ、十字架につけろ」と激しく叫んで、死刑の判決を強要したのはユダヤ人たちであったにせよ、最終的な決定権はピラトにあり、ピラトだけが事を決する立場にありました。悪者呼ばわりは免れ得ません。

第三に、では、この悪名高きピラトの名を、私たちの信仰告白の中で言い表すことは避けられなかったのでしょうか。歴史の証言者としての存在理由が彼にあったとしても、です。教会の宝ともいうべきこの信条の中に、ピラトの名は「汚点」を残したとは言えないでしょうか。もしそうなら、御子を苦しめ、十字架につけた張本人として、私たちは彼の名を心ならずも口にするということになります。

はたして、『使徒信条』にポンテオ・ピラトの名があることには消極的な意味しかないのでしょうか。ここで、聖書そのものの中でピラトがどう描かれていたかを、確認したいと思います。

四福音書は例外なくピラトを登場させていますが、中でも最もくわしくピラトを描いたのは、ヨハネです。ヨハネの福音書は「出会いの福音書」と呼ぶことができる内容を持っています。その「あとがき」とも言うべき20章末尾の箇所にはこうあります。「これらのことが書かれたのは、イエスが神の子キリストであることを、あなたがたが信じるため、また、あなたがたが信じて、イエスの御名によっていのちを得るためである」。この目的のために、読者の助けとなるようにと、イエスと出会った多くの人たちの中から選んで、そのひとりひとりのイエスとの出会いを書き連ねた、というわけです。そう思って読むと、ピラトもまた、イエスと出会った人のひとりです。いつもイエスのそばにいて、イエスのところに来た人を描いたヨハネの筆は、イエスご自身がひとりひとりに注がれた暖かい眼差しへの洞察に満ちた、すぐれた観察眼の結果です。ヨハネによれば、ピラトは、ただ立場上イエスを裁くことを余儀なくされ、死刑の宣告を下した人物にすぎないのでなく、再度イエスおひとりと言葉を交わす機会を持ち、ひとりイエスの前に立つこととなった人間、「求道者」でさえあったのです。ピラトとイエスの対話のクライマックスは、次の箇所です。

イエスは答えられた。「わたしが王であることは、あなたが言うとおりです。わたしは、真理のあかしをするために生まれ、このことのために世に来たのです。真理に属する者はみな、わたしの声に聞き従います」。ピラトはイエスに言った。「真理とは何ですか」。(ヨハネの福音書18節37、38節)

このやりとりの後、ピラトはユダヤ人たちに向かって、「私は、あの人には罪を認めません。」と言い、イエスを釈放しようと提案します。再度のイエスとの対話の中でも、会話がなされます。ピラトはイエスに言った…「私にはあなたを釈放する権威があり、また十字架につける権威があることを、知らないのですか」。イエスは答えられた。「もしそれが上から与えられているのでなかったら、あなたにはわたしに対して何の権威もありません。ですから、わたしをあなたに渡

した者に、もっと大きい罪があるのです。」(同19章10、11節)
そして再度、ピラトはイエスを釈放しようと努力したのでした。ユダヤ人の声に屈して、ピラトはついに死刑の判決を下しますが、死刑執行の場面でも、ピラトは罪状書きに「ユダヤ人の王ナザレ人イエス」と書いて十字架の上に掲げることをしました。これはいわば「この者に何の罪も私は認めない。ユダヤ人たちは自分たちの王をこのようにした」との、ピラトの意思表明でした。ユダヤ人たちは「ユダヤ人の王」と書かないで「彼はユダヤ人の王と自称した」と書いてほしいと抗議しましたが、ピラトは「私の書いたことは私が書いたのだ」と、きっぱり却けました(同19章21、22節参照)。さらに、イエスの遺体を葬りのために取り降ろしたいとのアリマタヤのヨセフからの申し出には、そのような異例の処置に対しても、「ピラトは許可を与えた」との事実が聖書に明記されて残りました(同19章38節)。
ヨハネは、このピラトの心に「真理に属する者はみな、わたしの声に聞き従う」とのイエスのおことばが残り、彼もまたついにはイエスの声に聞き従う者のひとりになり得たことを暗示するような書き方をしています。イエスがかつて言われた「父がわたしにお与えになる者はみな、わたしのところに来ます。そしてわたしのところに来る者を、わたしは決して捨てません」(同6章37節)とのおことばを書き留めたのも、ヨハネでした。ピラトも例外ではない、と言いたかったのではないでしょうか。
ピラトに向けられたヨハネの暖かい視線は、ほかならぬイエスご自身のもののように思われます。主はピラトに対してなさったように、私たちをも真理に属する者として招いていてくださいます。そして、ピラトのため、また私たちすべての者のために、罪の赦しを成し遂げるために十字架の苦しみを受けてくださったのです。

ですから、ピラトを悪役と見、悪人と決めつけて終わるのでなく、イエスに対して罪を犯さずにすますことの出来ない、さらに言えばイエスを十字架に追いやらずにいられない、私たちすべての罪びとの代表として、彼を受け入れ、《私たちの罪のために》「ポンテオ・ピラトのもとに苦しみを受け、十字架につけられ」てくださった主キリストを告白しましょう。使徒パウロも、後輩の若いテモテを励ますにあたって、「ポンテオ・ピラトに対してすばらしい告白をもってあかしされたキリスト・イエスとの御前で…」(テモテへの手紙第一6章13節)と言うことによって、ピラトに真理と救いのことばを語られたイエスに目を向けさせました。「ポンテオ・ピラトのもとに」苦しみを受けられたイエスを主と告白することこそが、私たちの信仰です。

[付記]　ポンテオ・ピラトに関する伝承

・フリー百科事典『ウィキペディア』　ポンテオ・ピラト(生没年不詳)は、ローマ帝国の第五代ユダヤ属州総督(26年～36年在任)。新約聖書で、イエスの処刑に関与した総督として登場することで有名。新約聖書の福音書のほか、ヨセフスの『ユダヤ戦記』などにも言及がある。

・教文館『キリスト教大辞典』　東方諸教会(コプト正教会、エチオピア正教会)は、その後ピラトが罪を悔いキリスト教に改宗、熱心な信徒となったとの伝承を保存しており、彼を聖人としている。

２０１４年

父なる神の喜び

「ある人に息子がふたりあった。弟が父に、『お父さん。私に財産の分け前を下さい』と言った。それで父は、身代をふたりに分けてやった。それから、幾日もたたぬうちに、弟は、何もかもまとめて遠い国に旅立った。そして、そこで放蕩して湯水のように財産を使ってしまった。何もかも使い果たしたあとで、その国に大ききんが起こり、彼は食べるにも困り始めた。それで、その国のある人のもとに身を寄せたところ、その人は彼を畑にやって、豚の世話をさせた。彼は豚の食べるいなご豆で腹を満たしたいほどであったが、だれひとり彼に与えようとはしなかった。しかし、我に返ったとき彼は、こう言った。『父のところには、パンのあり余っている雇い人が大ぜいいるではないか。それなのに、私はここで飢え死にしそうだ。立って、父のところに行って、こう言おう。「お父さん。私は天に対して罪を犯し、またあなたの前に罪を犯しました。もう私は、あなたの子と呼ばれる資格はありません。雇い人のひとりにしてください。」』こうして彼は立ち上がって、自分の父のもとに行った。ところが、まだ家までは遠かったのに、父親は彼を見つけ、かわいそうに思い、走り寄って彼を抱き、口づけした。息子は言った。『お父さん。私は天に対して罪を犯し、またあなたの前に罪を犯しました。もう私は、あなたの子と呼ばれる資格はありません。』ところが父親は、しもべたちに言った。『急いで一番良い着物を持って来て、この子に着せなさい。それから、手に指輪をはめさせ、足にくつをはかせなさい。そして肥えた子牛を引いて来てほふりなさい。食べて祝おうではないか。この息子は、死んでいたのが生き返り、いなくなっていたのが見つかったのだから。』そして彼らは祝宴を始めた。」

（ルカの福音書15章11〜24節）

聖書の中で最も有名なたとえ話。「放蕩息子のたとえ」とふつう呼ばれている。先頃、幼稚園の礼拝にお話をたのまれて、この有名なイエスのお話を小さなときに聞いて心に残しておいてくれたら、と願ってこの話を選んだ。が、放蕩息子という言い方は避け、題を「天のお父さまの愛」とした。この話をイエスがなさったとき、イエスご自身が何を最も言いたいと思われたか、と考えると、息子のこと以上に、この息子へのお父さんの愛を、伝えようとなさったのではないか、と思うに至ったからでもある。ここに出てくるお父さんこそ、天のお父さま、私たちを愛してくださる神様なのだよ、と話した。ここで、さらに「父なる神の喜び」としたのは、この話が天の父なる神の愛の話であると同時に、父なる神の喜びの話であることに、改めて気がついたからである。この章全体に、「喜ぶ」とか「楽しむ」とか「祝う」といった言葉が目立っており、ここでも、父親の喜びよう、それも大喜びの様子が話の中心テーマになっている。

話のストーリーはと言えば、父にふたりの息子がいて、弟息子のほうが、人生を遊び暮らしたいと考え、財産の分け前を父から貰って旅に出、遠い国に行って、そのお金を湯水のように使い果たし、つまり放蕩して、食べる物さえなくなり、どん底まで落ちぶれ果ててから、我に返って、ほかに行き所がないので父のもとに帰って来た、という話。こういう息子を父はどうしただろうか。これがこの話のクライマックス。このシーンを描いたレンブラントの絵はあまりにも有名。父は、息子が一生懸命用意してきた謝罪のことばを終りまで言わせないで、抱きかかえて口づけした。その前に、息子が帰って来るのを遠くから見つけて「走り寄った」という。これが、この父の愛であり、爆発的な喜びの表現だった。大急ぎで一番良い着物を着せ、手には指輪をはめさせ、足にはくつをはかせて、歓迎した。「肥えた子牛を引いて来てほふりなさい。食べて祝おうではないか。この息子は、死んでいたのが生き返り、いなくなっていたのが見つかったのだから。」イエスはこの話をされて、天の父なる神がどういう方であり、私たちをどう思っておられる方であるかを、教えてくださった。

ここで、「あなたは父なる神がどんな方か知っていましたか。知っておられますか」とお尋ねしたい。「神があなたを喜んでいてくださると知って、あなた自身も喜んでいますか」と。神はあなたがこのたとえ話の弟息子のような者であっても、喜んで受け入れ、歓迎してくださる方。つい先頃中国へ行ったが、行った先々で歓迎された。中国への見方が変わった。だれからでも歓迎されるのは嬉しいこと。まして神から歓迎されていると知ったら、この上なく嬉しい。神の国は喜びの国、と聖書は教えている。神ご自身が私たちを神の国に喜んで迎えてくださることをこの話は教えている。

この話は、父なる神の喜びの話だと言った。けれども同時にこの話は、父に受け入れられた息子の喜びの話でもある。大喜びされてみて、父のもとに帰ったこの息子もどんなに嬉しかったことか。神の国が喜びであるというのは、神ご自身が喜びの内に住んでおられる方であるからだけでなく、神に迎えられる者が喜ばずにおれないからである。

私も、初めは神を信じるように言われて、よくわからないまま信じて始まった。でも次第に神を信じた喜びが大きくなった。そして、人生そのものを喜べるようになった。神が自分を受け入れてくださった、神が自分を喜んでいてくださるとわかって、喜んで人生が生きられるようになった。あの父のところに帰って来た息子も、最初は半信半疑だったかも知れない。自分はあんなに勝手なことをして来たのに、お父さんはどうしてこんなに良くしてくれるのだろう。こんな悪い子の自分をほんとうに赦してくれたのだろうか、と。でもだんだんそれが本当だとわかって来るにつれて、喜びが大きくなっていったにちがいない。父の喜びが愛からだとわかって、父のところに帰って来てよかった、と心から思えるようになり、父の喜びが自分の喜びとなり、自分でも心から喜べるようになった。

ところが、ここに一人、この父の喜びがわからない人がいた。兄息子だ。イエスの話されたこのたとえ話には続きがあった。そこにもうひとりの息子、つまり兄息子が登場する。大宴会が始まって、そこへ外から帰って来たその兄息子は、このことを知るとおこって家に入ろうともしなかった。父が出て来て兄息子をなだめたが、兄はおこったままで父親に文句を言った。あんな駄目息子にこんなに良くしてやるお父さんの気が知れない、この自分にはこんなにしてくれたことがないのに、と。父は答えた。「子よ。おまえはいつも私といっしょにいる。私のものは、全部おまえのものだ。だがおまえの弟は、死んでいたのが生き返って来たのだ。いなくなっていたのが見つかったのだから、楽しんで喜ぶのは当然ではないか。」（ルカの福音書15章31～32節）。このたとえ話は、ここまで行って終る。この父と兄息子のやりとりの部分は、つけ足しのように見えるかもしれないが、実は大事な箇所。

イエスは、この兄息子のような人たちに向かって、そういう人たちのために、この話をされたのであった。15章1節から読むとそれがわかる。「さて、取税人、罪人たちがみな、イエスの話を聞こうとして、みもとに近寄って来た。するとパリサイ人、律法学者たちは、つぶやいてこう言った。『この人は、罪人たちを受け入れて、食事までいっしょにする。』そこでイエスは、彼らにこのようなたとえを話された。」とある。そこで話された三つのたとえ話の一つが、この話。取税人や罪人たちは、いわばあの弟のような、放蕩息子のような人たち。しかしこの人たちが、神のところに帰ろうとしてイエスの話を喜んで聞きに来た。それを喜ばなかったのが、パリサイ人や律法学者たち。ちょうどあの弟を喜べなかった兄のような人たち。イエスは彼らにわかってほしかった。神はこの取税人や罪人たちを喜んで迎えてくださるのだ。あなたがたには、この神のおこころが、神の喜びがわからないのか、と。この話の最後で父が兄息子にさとすように言ったのと同じことを、イエスは彼らにおっしゃりたかった。「(この取税人や罪人たちは) 死んでいたのが生き返って来たのだ。いなくなっていたのが見つかったのだ。楽しんで喜ぶのは当然ではないか」と。

だから、このイエスの話は、私たちにも二重の意味で福音そのものだと言える。この話を聞いて、自分はこの弟息子と同じように、父なる神から遠く離れてしまっていた人間だったと思ったなら、神はその自分を喜んで迎え入れてくださると、知ることができる。また、自分はこの兄息子のように、放蕩息子なんかでなく、正しい人間で、やましいところがないつもりでいたが、神のおこころがわかっていなかった、神の喜びを知らない人間だったと気がついたなら、そういう自分をも神は受け入れてくださると、知ることができる。「放蕩息子のたとえ」と呼ばれるこの話が、どうしてすべての人に感動を与え続けているのか。私たちは、放蕩息子のような者であったり、正しくても心に喜びのない者であったりする。だが、神は私たちをひとしくご自分の子どもとして受け入れてくださる。そのことを教え、また保証してくださるのが人となられた神の御子イエスなのである。

「神は、すべての人が救われて、真理を知るようになるのを望んでおられます。神は唯一です。また、神と人との間の仲介者も唯一であって、それは人としてのキリスト・イエスです。」

（テモテへの手紙第一 2章4〜5節）

2014年

聖書の人生観

7さあ、喜んであなたのパンを食べ、
気持ちよくあなたの酒を飲むがよい。
あなたの業を神は受け入れてくださる。

8どのようなときも純白の衣を着て
頭には香油を絶やすな。
9太陽の下、与えられた空しい人生の日々
愛する妻とともに楽しく生きるがよい。
それが、太陽の下で労苦するあなたへの
人生と労苦の報いなのだ。
10何によらず手をつけたことは熱心にするがよい。
いつかは行かなければならないあの陰府には
仕事も企ても、知恵も知識も、もうないのだ。

（コヘレトの言葉9章7～10節）

大胆に言わせていただくなら、この4節12行に、『コヘレトの言葉』の人生観が見事に言い尽くされています。著者であるコヘレトの明快なスリー・ポイントのメッセージが、ここにはあります。

1、**「人生を楽しめ」**（7、8節）
2、**「妻を愛せよ」**（9節）
3、**「熱心に事をなせ」**（10節）

「コヘレト」は、他の邦訳聖書では「伝道者」、英訳聖書では「教師」、「説教者」などと訳されていますが、必ずしも特定の職務を持った職業人のこととするよりも、上からの知恵に富む者とされたひとりの「知恵者」あるいは「賢者」が自分の名を表に出さずにこう名乗ったともとれますし、冒頭1章1節にある「エルサレムの王、ダビデの子、コヘレトの言葉」という書き出しから、著者をソロモンとする伝統的な見方もありますが、そうと断定することも困難で、知者ソロモンへの敬意の陰に自らの名を伏せた著者の機知があったのかも知れません。いずれにせよ、この書が聖書の中に収められたことに神の知恵と摂理を認めて、素直にこの著者から「聖書の人生観」を手ほどきされたいと思います。

1、「人生を楽しめ」

「さあ、喜んであなたのパンを食べ、
気持ちよくあなたの酒を飲むがよい」（7節）

という勧めは、私たちの意表を突く、大胆なメッセージ。

聖書は、ああするな、こうするな的なものと思っている人が多い。戒律的な教えが聖書であると思っているとしたら、それは誤解。むしろ、戒律の世界からの解放が聖書にはある。

この書のコヘレトにしても、懐疑的不可知論者であるとか、悲観論者または運命論者であると誤解されがち。だがこの書によって初めて聖書の人生観がわかった、旧約聖書の一書であるが、ここにあるのはまさに福音そのものであり、自前の従来の人生観から解放されたと読む者もいる。私もその一人である。

「聖書の中のどの書が一番好きですか」と、かつて突然問われたことがあり、この書だと答えたところ、『クリスチャン新聞』の連載記事の1回分としてこの書を紹介する文章を書くように依頼され、その結果として『聖書66巻がわかる』という新刊の共著者の一人になった。

この書によって、私の人生観が変わった。神の福音が、人生に喜びを与えるものであることを知った。「あめなるよろこび　こよなき愛を　たずさえくだれる　わが君イエスよ」と讃美歌352番が歌っている。「すくいのめぐみを　あらわにしめし　いやしきこの身に　やどらせたまえ」と続く。

「パンを食べ、酒を飲む」とは人の日常生活のことである。それを「喜んで」、「気持ちよく」せよとは日常を楽しめとの命令である。

「どのようなときも純白の衣を着て　頭には香油を絶やすな」（8節）とはあたかも宴会の風景である。「心が朗らかなら、常に宴会にひとしい」（別訳「心に楽しみのある人には毎日が宴会である」）と箴言15章15節にはある。この生活を楽しめとの二つの勧めの言葉にはさまれた言葉は重要である。

「あなたの業を神は受け入れていてくださる」（別訳「神はすでにあなたの行いを喜んでおられる」）（7節）

これは福音にほかならない。神の福音が私たちをあらゆる束縛やしがらみから解放し、たましいに自由を与える。それゆえに私たちの人生は喜びに変わる。新約聖書を代表する使徒パウロの有名な勧めと、このコヘレトの言葉は完全につながる。

「いつも喜んでいなさい。絶えず祈りなさい。どんなことにも感謝しなさい。これこそ、キリス

ト・イエスにおいて、神があなたがたに望んでおられることです」（テサロニケの信徒への手紙Ⅰ5章16～18節）

そのパウロが強調してやまなかった「神と和解」（コリントの信徒への手紙Ⅱ5章20節）することこそが、福音を受け取るカギと言える。神と和解することで、喜びも、感謝も、そして祈りも、日常のものとなる。

「さあ、喜んで…」という7節の語り出しは、英訳では〝Go〟で始まっている。

神との和解を得て「さあ、行きなさい」と、新しい人生への出発が呼びかけられているとも言えよう。

2、「妻を愛せよ」

「太陽の下、与えられた空しい人生の日々
愛する妻と共に楽しく生きるがよい」（9節）

「愛する妻」の存在自体、神からの賜物であることが前提になっている。箴言に「妻を得るものは恵みを得る。主に喜び迎えられる」（18章22節）、「賢い妻は主からいただくもの」（19章14節）とある。妻は主から人に「助け手」として与えられ、「空しい人生」にあって慰め、「労苦」を共に担い、癒しを提供して人生を楽しいものにする。旧約聖書でイサクがリベカを迎えて妻とした場面で「イサクはリベカを愛して、亡くなった母に代わる慰めを得た」（創世記24章67節）との記事も人生の大きなヒントを読む者に与える。

ここで「太陽の下、与えられた空しい人生の日々」という表現に出会う。人生に空しさがある。いや人生そのものが空しいというものであるという現実を、平然と告げられる。罪の結果として、人類世界に空しさが入って来た。これを知らない、あるいは無視した人生観には欠陥がある。無理がある。福音は、この空しき人生から目をそむけさせるのでなく、そのただ中に上から与えられた救いと希望を、聖書において宣言し、ありのままの現実を受け入れさせる。

「『人は皆、草のようで、その華やかさはすべて、草の花のようだ。草は枯れ、花は散る。しかし、主の言葉は永遠に変わることがない。』これこそ、あなたがたに福音として告げ知らされた言葉なのです」（ペトロの手紙Ⅰ1章24～25節）。

「コヘレトは言う。
なんという空しさ
なんという空しさ、すべては空しい」（1章2節）
「なんと空しいことか、とコヘレトは言う。
すべては空しい、と。」（12章8節）

コヘレトの言葉が一見虚無的にさえ感じられるのは、福音の光が人生の闇を読者をたじろがせるほどにストレートに照らし出し、光へと変える力を持っているからである。「光は暗闇の中で輝いている」（ヨハネによる福音書1章5節）とあるとおりである。

福音あってこそ、人は空しさを直視することができ、またそれに耐えることができる。神はまた、空しさの中で生きる弱い私たちに、妻という助け手をも備えてくださる。その「愛する妻と共に楽しく生きる」こともまた、神からの賜物である。

「それが、太陽の下で労苦するあなたへの

人生と労苦の報いなのだ」（9節）

今、日本では、青年たちのかなり多くが、結婚したがらないのだという。理由はと問うと、「女性を幸福にしてやれる自信がない」とのこと。「ひとへの責任を言う前に、この世をひとりで生きぬく自信はある？」と、一言たずねてみたくなる。

3、「熱心に事をなせ」

「何によらず手をつけたことは熱心にするがよい」（別訳「あなたの手もとにあるすべきことはみな、自分の力でしなさい」）（10節）

神は「労苦」と共にそれを耐えて果たす力を一人一人に賜わる。

「タラント（ン）のたとえ」がイエスによって語られた。

「ある人が旅行に出かけるとき、僕たちを呼んで、自分の財産を預けた。それぞれの力に応じて、一人には五タラントン、一人には二タラントン、もう一人には一タラントンを預けて旅に出かけた」（マタイによる福音書25章14～15節）。

地上にいる間に、人は預かった賜物を用い、自分の最大努力をもってこれに応える。これが、まさに神からの賜物であり、恵みに満ちたミッションである。たとえ話の終わりの場面で、主人が僕たちに、報告して来た仕事の量によらず、同じ言葉をかけて労をねぎらう。「忠実な良い僕だ。

よくやった。お前は少しのものに忠実であったから、多くのものを管理させよう。主人と一緒に喜んでくれ」（同21、23節）。

やがての日に地上の人生に終わりが来る。その日に向けて、それまでの間に、全力を尽くすことを、コヘレトは勧める。

「いつかは行かなければならないあの陰府には
仕事も企ても、知恵も知識も、もうないのだ」（10節）

この最後の一句に、読者は戸惑いを覚えるかもしれない。だが告げられるべきことがこうも明らかに告げられたことを感謝しよう。しかも、それはすべての労苦から解き放されて、神と共に住む、安息の日、満ち足りた憩いの日なのである。

黙示録はその日の充足をはっきりと告げる。

「わたしは天からこう告げる声を聞いた。『書き記せ。「今から後、主に結ばれて死ぬ人は幸いである」と』。霊も言う。『然り。彼らは労苦を解かれて、安らぎを得る。その行いが報われるからである』」（ヨハネの黙示録14章13節）。

「あの陰府」という言い方は、コヘレトが死後の世界をさえ直視することができている証しである。福音は「いつかは行かなければならないあの陰府」にも、恐れずに目を向けさせる勇気と洞察を人に与える。『使徒信条』が「主は…陰府にくだり、三日目に死人のうちよりよみがえり、…」と告白していることを思い出そう。主キリストは私たちの罪のために死なれ、葬られた後、「陰府にまでくだられ、…よみがえられた（陰府より帰られた）」方である。「いずこにもみあと見ゆ」（讃美歌532番）と歌われている。

この主にお従いして、私たちも地上にいるかぎり「仕事も企ても知恵も知識も」そのすべてを動員して熱心になすべきことをなし、終わりの日には喜びをもって神の御前に出て、「忠実な僕だ。よくやった」と言って頂ける者でありたい。

2015年

屋根をはがして

数日後、イエスが再びカファルナウムに来られると、家におられることが知れ渡り、大勢の人が集まったので、戸口の辺りまですきまもないほどになった。イエスが御言葉を語っておられると、四人の男が中風の人を運んで来た。しかし、群衆に阻まれて、イエスのもとに連れて行くことができなかったので、イエスがおられる辺りの屋根をはがして穴をあけ、病人の寝ている床をつり降ろした。イエスはその人たちの信仰を見て、中風の人に、「子よ、あなたの罪は赦される」と言われた。ところが、そこに律法学者が数人座っていて、心の中であれこれと考えた。「この人は、なぜこういうことを口にするのか。神を冒瀆している。神おひとりのほかに、いったいだれが、罪を赦すことができるだろうか。」イエスは、彼らが心の中で考えていることを、御自分の霊の力ですぐに知って言われた。「なぜ、そんな考えを心に抱くのか。中風の人に『あなたの罪は赦される』と言うのと、『起きて、床を担いで歩け』と言うのと、どちらが易しいか。人の子が地上で罪を赦す権威を持っていることを知らせよう。」そして中風の人に言われた。「わたしはあなたに言う。起き上がり、床を担いで家に帰りなさい。」その人は起き上がり、床を担いで、皆の見ている前を出て行った。人々は皆驚き、「このようなことは、今まで見たことがない」と言って、神を賛美した。

(マルコによる福音書2章1~12節)

イエスはどんな方か、何のために、何をなさるために来られたのか。他ならぬ聖書こそが、イエスについての証言記録なのである。「あなたたちは聖書の中に永遠の命があると考えて、聖書を研究している。ところが、聖書はわたしについて証しをするものだ。それなのに、あなたたちは、命を得るためにわたしのところへ来ようとしない。」と、イエス御自身が言われたことがある(ヨハネによる福音書5章39~40節)。聖書のいたるところから、「さあ、わたしのところへ来なさい」というイエスの御声が聞こえる。マルコによる福音書2章のこの記事も、その代表的な箇所である。

1、どうしてもイエスのところに行きたいと思い、それを実行した人たちがいた。

人が一杯で入れなかった家の屋根をはがしてまでして、四人の男が一人の病人をイエスのところまで連れて来た。聖書の中に次のような主のお言葉がある。「そのとき、あなたがたがわたしを呼び、来てわたしに祈り求めるなら、わたしは聞く。わたしを尋ね求めるならば見いだし、心を尽くしてわたしを求めるなら、わたしに出会うであろう、と主は言われる。」（エレミヤ書29章12～14節）。何としても会っていただこう、イエスが自分たちにきっと会って下さる、という確信が与えられた。彼らの心にも、どうしてもお会いしよう、という固い決意が芽生えた。そして、なりふり構わずそれを実行した。そして、彼らは確かにイエスに出会うことができたのである。

2、この人たちは不作法なしかたで近づいたが、イエスは歓迎してくださった。

「イエスはその人たちの信仰を見て、…」（5節）とあるだけで、彼らの不作法を少しでも咎めたりなさらず、むしろ彼らの心の中にある信仰を認めて喜ばれた。病人を連れて来た四人の振舞いにも驚かされるが、彼らを迎えたイエスにももっと驚かされる。そのイエスが洗礼者ヨハネに言及されたとき、次のように発言されたことがある。「彼が活動し始めたときから今に至るまで、天の国は力ずくで襲われており、激しく襲う者がそれを奪い取ろうとしている」（マタイによる福音書11章12節）。イエスはこういう時の到来を待望しておられ、このような激しい求道に出会われて、心の中で喜びを爆発されなさったのではなかろうか。

3、彼らの信仰を喜ばれたイエスは最上の贈り物をくださった。

「子よ、あなたの罪は赦される」（5節）と。この人に向かって、罪が赦されることを言われた。

中風という病気からのいやしだけでなく、罪の赦しを、高らかに宣言された。このお言葉を聞き、その宣言の裏付けとしてイエスが病人をいやされるのをまのあたりにして「このようなことは、今まで見たことがない」（12節）と叫んだ素朴な人々が神を賛美したことを書いて、この記事は終わる。だがそこには、このことに驚くよりも非難を込めてつぶやいた人々の存在があったことも書かざるを得なかった。「この人は、なぜこういうことを口にするのか。神を冒瀆している。神おひとりのほかに、いったいだれが、罪を赦すことができるだろうか」（7節）。考えてみれば、罪にも赦しにも思いが及ばず、口にしたがらない私たちの、彼らは代表だからである。だがイエスはこの律法学者たちのためにも、「人の子が地上で罪を赦す権威を持っていることを知らせよう」（10節）と言われて中風の人をいやされたのであった。イエスはご自分が神の御子であることを証しされたのである。

＊

イエスの招きに、私たちはどう反応したらよいだろうか。ここに三つのキーワードがある。

(1)「屋根をはがして」

屋根をはがして、四人の男と一人の病人はイエスのところへやって来た。アメリカの大統領選挙で、「ガラスの天井」が話題になった。もう少しでアメリカ初の女性大統領が誕生しようとした。今まで長い間、アメリカでも女性が政治の世界の中心に進出することを阻止し続けて来た「ガラスの天井」は、結果的には今回も崩れることはなかったが、破られるべきものの存在を世に認識させた。社会的に限らず個人的にも、私たちを真理から隔てている障壁があり、天井があるのが現実である。だがここに、常識を越え、「屋根をはがして」（4節）イエスに近づいた人たちがいる。自分の切実な問題の解決を求めてまっしぐらにイエスのところにやって来た彼らは真理そのものであるイエスにお会いすることとなった。彼らは、自分の内外にある殻を破り、他人の目を恐れず、大胆にイエスの前に出ることにはそれだけの値打ちがあることを、私たちに証ししてくれた。「疲れた者、重荷を負う者は、だれでもわたしのもとに来なさい。休ませてあげよう。」（マタイによる福音書11章28節）とイエスは招き続けておられる。彼らの振舞いは私たちへの励まし、またチャレンジである。

(2)「信仰を見て」

イエスが反応された。四人の男が（もしかすると病人自身から出たことだったのかもしないが）、あのようなことをしたのを、彼らの信仰の表れと、イエスは見て取ってくださった。イエスのところに人を連れて来る者、連れて来られる者、自らすすんで来る者、すべてにイエスは信仰を見てくださる。イエスのもとに行くことが信仰なのである。病いであれ悩みであれすべて重荷を負ったまま、私たちがみもとに来ることを、イエスは喜んでくださる。イエスは私たちのうちに信仰をご覧になりたい。『ヤコブの手紙』は、イエスが私たちに求めてやまない「信仰」が何であるかを、率直に明快に教えてくれている。「行いが伴わないなら、信仰はそれだけでは死んだものです」（2章17節）。「わたしどもの信仰を増してください」と願い出た使徒たちに、イエスは「『からし種一粒ほどの信仰』があれば…」と答えられた（ルカによる福音書17章5～6節）。信仰を難しく考えてしまいがちな私たちだが、信仰は分量ではかるべきではない。からし種一粒の信仰を恵まれた私たちには、それを行動に表すことが望まれる。イエスに向かって一歩でも踏み出したとき、私たちは喜ばれる。それは「からし種一粒ほど」ではあっても、まさしく信仰なのである。

(3)「起き上がり、床を担いで」

「子よ。あなたの罪は赦される」。罪の赦しは神の賜物であり、地上においても、永遠の世界においても、ゆるがぬ神からの祝福である。目に見える世界を超えたこの永遠の祝福を、目に見える地上の世界で証しすることが、祝福を受けた者にできる神への唯一のお返しである。中風の病人は罪を赦された者として、「起き上がり、床を担いで家に帰りなさい。」(2節)とイエスから命じられた。今まで長らく自分の足で歩くことも、身の回りのことさえも自分で出来なかった彼であったにちがいないが、いやしとともに罪の赦しを頂いたその時から、彼は生まれ変わった。罪の赦しの結果また証しとして、彼の体に神からのいのちが注ぎ込まれて、神の子として新たに生まれるということが起こったのである。罪の赦しなどということは、地上の世界には関係がない、あくまでも神だけが言い得る事柄であるなどと、理屈を言っていた律法学者をはじめとして、人はみな知らなければならない。罪の赦しを今頂き、いやされて自分の足で立つことが出来たこの人を見なさい、とイエスは言われたのである。イエスにお会いし、イエスから信仰を認められ、罪の赦しを頂いた者であるなら、罪から解放された生き方をも賜わったのである。神からの罪の赦しの祝福は、この地上の人生と日常生活を自立して歩むことによって証しされる。

すべては「屋根をはがして」イエスにお会いする所から始まる。

＊

２０１６年

友達を作りなさい

イエスは、弟子たちにも次のように言われた。「ある金持ちに一人の管理人がいた。この男が主人の財産を無駄使いしていると、告げ口をする者があった。そこで、主人は彼を呼びつけて言った。『お前について聞いていることがあるが、どうなのか。会計の報告を出しなさい。もう管理を任せておくわけにはいかない。』管理人は考えた。『どうしようか。主人はわたしから管理の仕事を取り上げようとしている。土を掘る力もないし、物乞いするのも恥ずかしい。そうだ。こうしよう。管理の仕事をやめさせられても、自分を家に迎えてくれるような者たちを作ればいいのだ。』そこで、管理人は主人に借りのある者を一人一人呼んで、まず最初の人に、『わたしの主人にいくら借りがあるのか』と言った。『油百バトス』と言うと、管理人は言った。『これがあなたの証文だ。急いで、腰を掛けて、五十バトスと書き直しなさい。』また別の人には、『あなたは、いくら借りがあるのか』と言った。『小麦百コロス』と言うと、管理人は言った。『これがあなたの証文だ。八十コロスと書き直しなさい。』主人は、この不正な管理人の抜け目のないやり方をほめた。この世の子らは、自分の仲間に対して、光の子らよりも賢くふるまっている。そこで、わたしは言っておくが、不正にまみれた富で友達を作りなさい。そうしておけば、金がなくなったとき、あなたがたは永遠の住まいに迎え入れてもらえる。ごく小さな事に忠実な者は、大きな事にも忠実である。ごく小さな事に不忠実な者は、大きな事にも不忠実である。だから、不正にまみれた富について忠実でなければ、だれがあなたがたに本当に価値があるものを任せるだろうか。また、他人のものについて忠実でなければ、だれがあなたがたのものを与えてくれるだろうか。…」

（ルカによる福音書16章1～12節）

この「不正な管理人」と呼ばれているたとえ話は、正真正銘、聖書のことばであり、イエスご自身によって語られたことばである。イエスはこのおことばを、たとえを用いて言われた。だが、たとえ話だからといっておろそかにはできない。たとえ話の中でだれかの考えやしわざを紹介されたに過ぎないというのでもない。たとえを話し終えるにあたって、イエスはその結論を明言された。そこから、イエスはなぜこのたとえ話をされたかがはっきりする。これは一つの参考意見ですらない。では、イエスはこのたとえ話によって何を言おうとされたのか。結論を聞こう。「そこで、わたしは言っておくが、不正にまみれた富で友達を作りなさい。そうしておけば、金がなくなったとき、あなたがたは永遠の住まいに迎え入れてもらえる。」

この結論の主文章は命令形である。「友達を作りなさい」。これはイエスの命令なのである。では、だれに対する命令なのか。冒頭に「イエスは、弟子たちにも次のように言われた。」とある。

すぐ前の15章に有名な「放蕩息子」のたとえ話がある。ファリサイ派の人々や律法学者たちに向けられた話である。それに続けて今度は弟子たちにも別のたとえで話された。これは弟子たちへのイエスの話である。弟子たる者、これを主であるイエスのご命令として聞く必要がある。

ところが、このたとえ話とその結論は、多くの場合ほとんど見逃されてきた。聞き捨てにされて来たと言ってもいい。聖書の読者たち、クリスチャンの読者たちによってさえも、である。だが聞き捨てには出来ないと思った人たちもいた。私には忘れられない出来事がある。2011年に、『ふしぎなキリスト教』(講談社現代新書)という本が出版された。興味深くこれを読んだが、この本は多くの読者を獲得し、「新書大賞2012」に選ばれた。今でも読まれ続けている。この本は二人の対談が本になったのだが、著者たちはクリスチャンでないにもかかわらず、キリスト教に大きな関心を寄せており、聖書をよく読み、率直に語り合った。

この本の第2部「イエス・キリストとは何か」の中に「不可解なたとえ話」の章がある。その一つとして真っ先に取り上げられているのが他ならぬこのたとえ話なのである。一人が言う。「これから紹介するのは『不正な管理人のたとえ』と呼ばれている話ですが、きわめつきわかりにくい。それほど有名な話ではありませんが、イエスの言っていることの不可解さは際立っています。…この管理人の行動は、ぼくらの常識からすると、とんでもないことです。もともと、彼は主人の財産を不正使用していた上に、今度は、主人が貸しているお金を勝手に小さくしているわけですから、二重の業務上横領ではないか。ところが、これを知った主人が、管理人をほめるんですね。『お前は抜け目がなくて偉いぞ』というようなことを言って称賛する。いったい、この管理人のやったことのどこが立派なのか。どこが神の国にふさわしいのか。」するともう一人が言う。「借金を減額した部分は、取ることを禁じられていた利子だったので、それをなしにするのは正しい、と言う解釈もあるようです。でも、なんとなくふしぎな感じがのこる。福音書のたとえは、人びとの常識を前提にしつつ、その根幹を揺さぶるように語られます。金銭の管理がしっかりしているべきで、横領や不正がいけないのは常識。でも、財産をむだづかいしていると嫌疑をかけられた管理人は、その先を考え始める。彼がしたのは、金銭の貸借関係を友愛に変換すること。隣人の借金を『赦す』なら、自分が『赦される』のではと考えた。」

「聖書の勉強は外国語の勉強に似ている」と、ある先輩牧師が言ってくれたのが忘れられない。つまり神の国は生まれながらの我々には外国であって、神の国を知ろうとしたら持ち合わせの常識だけではかなわない。わかっているつもりで取りかかるのでなく、よほど謙遜になってかからないと追いつかない、ということ。この本の著者の一人がいみじくもそれを指摘してくれている。イエスのおことばは、時にふしぎに聞こえる。実はそこが大事なポイント。「ふしぎだ」。「わかりにくい」。そういう箇所こそが、私たちの頭を変換させ、私たちをして神の国の理解へとジャンプさせてくれる。では、このたとえの重要なポイントはというと、

1、主人の対応のふしぎ――「抜け目のなさ」か「ずる賢さ」か

「主人は、この不正な管理人の抜け目のないやり方をほめた」とある。管理人のやったことはどう見てもずる賢いやり方。それなのに、主人はこの管理人をほめる。「よくも抜け目なくやったも

のだ」と言わんばかりに。他人に貸し与えた額を勝手に書き直されて、自分に損害が及ぼうというのに。読者にとっては、この管理人のずる賢いやり方に意表をつかれるだけでなく、むしろそれ以上に管理人をほめる主人の対応に違和感を覚えずにはいられない話である。この主人には常識を超えたところがある。よほど鷹揚な人物なのだろうか。「金持ち喧嘩せず」なのか。いや、もしかすると、地上がすべてではないという人生観から来ている大らかさなのかもしれない。そこには取り返しのつかない、という文字がなく、失敗はどこまでも赦されうる、という余地がある。

2、イエスの教えのふしぎ―たとえ話に登場する変り者

考えてみると、この不正な管理人にしてもその主人にしても、言ってみれば変り者である。それなのに、この変り者たちを見るイエスの目が、なぜか暖かい。同じルカによる福音書15章に出てくる父親からの「財産を無駄使い」してしまった「放蕩息子」と、主人の「財産を無駄使い」している「不正な管理人」とに同じようないつくしみの目を向けておられるイエスによって、両方のたとえ話が語られた。同じ目がその管理人とやり取りする主人にも向けられている。主人の存在なしにはこの話は生まれなかった。あたかも主人のうしろにイエスが立っておられるようなこのたとえ話である。この話の真意をはかりかねて戸惑う聞き手に、イエスは「この主人のことを聞いたか」とおっしゃらんばかりである。主人が管理人のやり方を責めなかったように、イエスも主人の言動を批判しようとはなさらない。その上で「わたしは言っておくが、不正にまみれた富で友達を作りなさい」と教えられた。管理人が切羽詰まって専念し、主人が容認し称賛さえ

した「友達作り」を、イエスはご自分の教えとして教えられた。イエスという方を私たちは見直さなければいけないのではないか。

3、「不正にまみれた富」を使う教えのふしぎ―ズバリ言うなら「不正の富」

それにしても、イエスがこのたとえ話から引き出された結論が「不正にまみれた富で友達を作りなさい」であったとは驚きである。「友達を作りなさい」との命令になんと「不正にまみれた富で」という句がついている。「不正にまみれた富」とは直訳するなら「不正の富」とならざるを得ない原語に配慮を加えた訳である。実にイエスは「不正の富で友達を作れ」と言われたのである。大抵の道徳的な人間なら、このことばにつまずいてしまう。その解決は、第一に「友達を作る」ことはそれほどに重要だと言うこと。友達を作っておけば私たちは「永遠の住まいに迎え入れてもらえる」のである。どんなに必要だろうと「不正」はあくまで「不正」であり言い訳にはならないとか、「永遠の住まいに入れてもらえる」という保証はどこにあるのか、という反論が生まれるかもしれない。だが、これを語っておられるイエスが神の御子であることに気が付くなら、俄然、解決が訪れる。

＊

この方こそ、私たちの不正や罪のすべてをご自分の十字架の死によって覆ってくださりぬぐってくださる方であり、三日目の復活によって私たちにも復活を約束し、永遠の住まいに迎え入れてくださる方なのである。たとえ話に登場した管理人も主人も不正にまみれた地上の生活を超えた「赦し」と「招き」のある永遠の世界へのあこがれと直感を持っていたかのように描かれているとは言えないだろうか。私たちの現実の世界がどんなに不正にまみれたものであっても、その中でお互いのために友達を作ったり、永遠の住まいに招き合ったりすることが許されている。それこそが福音であり、その福音をたずさえて来られたイエスが私たちの中に立っておられる。「友達を作りなさい」と教えられたイエスご自身が、すべて『謙虚な人たちの友』となって現れてくださる方なのである。同じルカの福音書24章28〜35節のエマオでのイエスをこの題で描いた聖画がある。有名な讃美歌『いつくしみ深き』も、「友なるイエス」を歌っている。

＊

この「不可解なたとえ話」が、実は、地上にいる私たちが永遠の住まいに招かれている者であることを暗示しまた物語る、天的で、ユーモアに満ちたメッセージだったのである。『ふしぎなキリスト教』の著者たちが首をかしげながらもこのたとえ話について語り合わずにはいられなかったのも、キリストのお口から出た話のダイナミックな迫力にとらえられ始めていたからではないだろうか。著者の一人が対談の何年か後にキリスト教の洗礼を受けたことを後日談としてご紹介したい。

２０１８年

注・第二部引用聖書は、前半六題は『新改訳聖書第三版』、後半三題は『新共同訳聖書』を使用しています。

第三部　諸文集

リバイバルを願って

いつも喜んでいなさい。
絶えず祈りなさい。
すべての事について、感謝しなさい。

巻頭言を書くにあたって、使徒パウロのことばがしきりに思い出されています。パウロは、エペソの教会との別れが来たことを思い教会の長老たちにこう言いました。「いま私は、あなたがたを神とその恵みのみことばとにゆだねます。みことばは、あなたがたを育成し、すべての聖なるものとされた人々の中にあって御国を継がせることができるのです。」(使徒の働き20章32節)

五十周年を迎える横浜山手キリスト教会との別れの時が私にも近づいていると感じております。自分をパウロになぞらえるなどということは、不遜なことかもしれませんが、何もわからない駆け出しの時以来、ひたすらパウロをお手本として走って来た者の一人として、そうすることをどうぞお許し下さい。

初代牧師としてこの教会の基礎を築き、その歩みを軌道に乗せて下さった山口昇先生が、私へのバトンタッチをなさるにあたって、後任の私へ、そして教会員の人たちへ、それぞれに聖書の中からみことばを選んで言い遣わしてくださったことが忘れられません。教会の人たちをも私をも、文字通りみことばにゆだねてくださったのでした。「石の上にも四年」という、先生一流のジヨークを添えて。四年余りという決して長くはなかったお働きにもかかわらず、先生は見事にみことばという軌道の上に教会の土台を据え、その後の教会の歩みと若輩の私という後輩とを「主とその恵みのみことばとにゆだねる」ことをキチンとなさってくださいました。それから四十五年あまり、と時間は流れましたが、このみことばの軌道の上を、パウロにならって「うしろのものを忘れ、ひたむきに前のものに向かって進み、…目標を目指して一心に」（ピリピ人への手紙3章13～14節）走ることだけでした。

この教会の取り柄と言いますか、控え目にでももし伝統と言えるようなものがあるとしたら、それはほかならぬ「みことばの軌道の上を走る」ということではないかと思います。

教会が二十周年を迎えた年、それまでお世話になった共立女子聖書学院を出て、新会堂の献堂式が大きな喜びのうちに行われました。その日に記念品として配られた革しおりに印刻された河野與子姉直筆の聖句はこうでした。

「人はみな草のようで、その栄えは、みな草の花のようだ。草はしおれ、花は散る。しかし、主のことばは、とこしえに変わることがない。」（ペテロの手紙第一1章24～25節）

虚無に服したむなしい世界、しかしその中に、みことばのみは、変わることなく輝いている。むなしさの中で救いを待つ人々に、みことばの光をかかげ、福音を宣べ伝え続けるのが教会の使命。「あなたがたに宣べ伝えられた福音のことばがこれです。」と、ペテロは言います。一見、わびしさを思わせるこのみことばが、しかし実は永遠の世界に私たちの目を向けさせ、前向きな世界観と積極的な宣教への意欲を与えずにはいない、それこそ福音のことばそのものであることを、教えられてきました。ペテロが預言者イザヤの書から引用したこのことばは、同じ旧約聖書の伝道者の書のメッセージとも呼応するものです。この書の本論部分は「空の空」と始まり、「空の空」で終わります。新共同訳は「なんという空しさ」と訳しています。「むなしさ」が、この書の主題かとさえ思えます。しかし、驚くばかりの福音のことばが、ここにはあります。「さあ、喜んであなたのパンを食べ、愉快にあなたのぶどう酒を飲め。神はすでにあなたの行ないを喜んでおられる。いつもあなたは白い着物を着、頭には油を絶やしてはならない。」（伝道者の書9章7〜8節）

聖書は絶えず新しい驚きを読む者に与えてくれます。選り好みしたり、先入観をもって遠ざけたりすることなく、「聖書はすべて、神の霊感によるもの…」と素直に信じて、聖書の全体に目を向け、日常の生活の中で、むなしさのただ中にあっても、読み続け、聞き続けて行くときに、いつしか、あるいは突然、またあるいは繰り返すようにして、福音のことばに出会い、それこそ「目からうろこが落ちる」ようにして恵みを体験するのです。「目からうろこ」を文字通り体験したパウロは、恵みを知り、福音の世界を知りました。パウロにとって、主のことばはことごとく、「恵みのみことば」でした。それゆえ、パウロの教え、書いた手紙、語ったメッセージは、すべて福音のことばとなりました。

そのパウロの、大人から子供にいたるまで、クリスチャンなら誰でも知っていて、愛誦してやまない聖書のことばが、冒頭に掲げたテサロニケ人への手紙第一5章16〜18節です。「いつも喜び、絶えず祈り、すべての事について感謝する」というスリーポイントのメッセージは、まさに福音そのものです。そして続くことばが、その教えの鍵が何かを、明らかにしています。「これが、キリスト・イエスにあって神があなたがたに望んでおられることです。」キリストが鍵です。キリストが、この喜ばしい生き方を私たちにもたらしてくださいました。このキリストを私たちのためにお遣わしくださった神は、私たちが悲しみに沈んでいたり、ひとり悩みの底に落ち込んだり、不平不満や憤りや高ぶりやコンプレックスに明け暮れたりしていることを望まれません。キリストによる救いを喜び、人生を楽しみ、神に感謝して明るく生きることをこそ、望んでおられます。人の罪の結果としてむなしいものとなってしまったこの地上の日々の中においても、です。これはあの伝道者の書のメッセージそのものです。そして、実はこれこそが聖書全巻を通じて語られている福音のことばなのです。福音は、こういう喜びと祈りと感謝にあふれた生活を私たちに可能にしてくれる神の力です。

この福音にふさわしい生活は、私たちを前向きに生きることをさせてくれます。パウロという人が、いつも、どこまでも、前向きな考えと生き方をしたことを思い出します。先に引用したピリピ人への手紙3章での告白はまさに前向きなパウロの人生観を教えてくれています。「私は、すでに得たのでもなく、すでに完全にされているのでもありません。ただ捕らえようとして、追求しているのです。…兄弟たちよ。私は、自分はすでに捕らえたなどと考えてはいません。ただ、この一事に励んでいます。」パウロが目標と定めてそこに向けて励んでやまなかったのは、何だったのでしょう。それは、「死者の中からの復活」であり、「神の栄冠」でした。

五十年を迎えたこの教会も、ここで立ち止まったり、うしろを振り返っていたのではいけません。パウロの言うように、ただ「私たちはすでに達しているところを基準として、進むべきです。」前進することです。どこまでも前進あるのみです。過去の歴史は大切にすべきですが、それを踏まえて前進するためにこそ、歴史はあります。

教会のこの節目の時が、ちょうど、牧師交代という時と重なりました。これもまた益です。今こそ前進が必要であり、前進のためには若き力が必要だからです。リレー競走では前走者が全力を出した時点で次走者にバトンを渡すのが最善です。両者とも前向きに走り続けながらのバトンタッチです。今の時は、牧師交代ばかりでなく、世代交代の時でもあるでしょう。教会全体が、同じ呼吸で前向きに走りながら、この時を迎え、この時が生かされますように祈りましょう。

今、「リバイバル」ということばがしきりに思い出されます。教会の歴史には、何度もリバイバルがありました。神が働かれて起こる、神のわざです。人間のわざではありません。こうすれば、ああすれば、といったテクニックによって起こることではありません。私たちは神の前にへりくだり、自らの身をきよめて、神にそれを祈り求め、待ち望むことしかできません。しかし、神が私たちを顧みて立ち上がられるなら、そこには私たちの限界を超えためざましいわざがなされ、神の栄光が現われます。神から離れていた人が教会に集まって来ます。新しく救いを求める人も、神に立ち返る人も、流れるように主の山、神の家へと導かれます。そのようなめざましい神のわざとしてのリバイバルを期待し、求めましょう。リバイバルを祈ることは、そればかりでなく、私たち自身を、神のかたちに造られた人間として、冒頭の聖句が教えているような最も本来的な姿へと変えてくださる神のわざを期待することでもあります。リバイバルの原点も目標もここにあるのではないでしょうか。

（横浜山手キリスト教会創立五十周年記念誌巻頭言）２００６年6月11日

私の横浜　四十五年

森　冨喜子

一、新婚時代

　1961年4月15日共立女子聖書学院チャペルで有賀豊二牧師司式、舟喜順一聖書神学舎（現聖書宣教会）校長媒酌のもとで結婚式を挙げました。一週間の北九州新婚旅行から帰り、平楽99番地の牧師館に落ち着き、牧師家の第一歩が始まったのです。

　主人の母フキは宇都宮から来て宿泊し、朝4時に起き、家の隅から庭の隅まで掃除、草取りをしてくれました。そのおかげで見違えるようにきれいになりました。石井長老（横浜金沢文庫キリスト教会）の父上様がいらっしゃって建具類を新しくし、住みやすく心配して下さいました。松尾兄の屋根塗装は今でも覚えております。

　私は5月から追浜共済病院（現横浜南共済病院）で眼科医として就職しました。河野姉から「ベル」と言う白いスピッツをもらって飼っていましたが、泥棒に入られ給料袋を持って行かれ、気を付けなければいけないと思い知らされました。

　結婚生活はお互いに違った環境から生活を共にするわけですから、食い違いもあるものです。私はこんな筈ではなかったと思い家出を考えて、舟喜順一師に長文の手紙や、実行に移す事を試みましたが行くところもなく落ち着くことにしました。牧師家が如何なるものか知らずに、牧師と結婚したのが良かったのか、悪かったのか、当時はお互いに若く一生懸命でした。28歳と27歳でしたから。

二、平楽から山手へ

7年間の間に5人の子供（女一人、男四人）に恵まれました。教会が共立女子聖書学院チャペルから山手町14番地に移る間、私は横浜南共済病院から横浜市大病院（現市民医療総合センター）、交通局友愛病院、横浜市立港湾病院と転勤しました。後に友愛病院は老人病院に、港湾病院はみなと赤十字病院に変わりました。

1969年、平楽99番地の牧師館を売却して山手14番地の147坪の土地を森家と教会で購入しました。45坪の森家の土地に家を建てる間は交通局の官舎に住みました。最初に兄森圭介の長女・洋子のためにプレハブを敷地の隅に建て、大用家を建てた大工さん（田口氏）にまず一階の家を建ててもらいました。当時港湾病院の医師が訪ねて来られ、まだ教会が建っていなかったので、「玄関横の和室から教会の敷地まで見通せる部屋に子供たち5人が居たよ」と病院の皆さんに報告されてしまいました。

子供たちが横浜学院幼稚園を終了するまで婦人会姉妹たち、特に石平さんには「いしママ」と言うほどにお世話になりました。

三、山手会堂献堂

1976年10月17日「草はしおれ、花は散る。しかし主のことばは、とこしえに変わることがない。」（ペテロの手紙第一1章24～25節）が河野姉の筆による献堂記念しおりです。この時、森家は二階を建てました。プレハブはそれから多くの人々に住居として使われ、今もリニューアルして石井長老が週日使っています。

私は港湾病院から藤沢市民病院へ、その間に横浜市立大学で学位を取得、そして南共済病院と定年まで勤めました。病院には毎年バザーの品物を売って、会堂建設に協力してもらいましたので、「会堂は何時建つのですか」と病院の皆さまに言われたこともあります。

四、横浜金沢文庫キリスト教会開所式

1986年3月に伝道所として出発したのは私が顔面神経手術を受けた翌年です。その退院の時、新築の筒井ビル（ダイヤモンド・マンション）が工事中で、壁を抜く事で二部屋使うという現場を見ていきました。結婚前にも金沢区の開業医で働き、一度勤めた共済病院でまた働き、その金沢区で山手教会の枝教会が出来たのは不思議な導きと思わされました。

五、教会墓地完成

富士霊園に念願の墓地が完成し、待っていた方々の納骨や墓前礼拝が行われたのは第一回バスツアーで1987年7月12日です。その後聖日に行くのをやめ、5月第二頃の

土曜日に変更され今年20年目です。土曜日はなかなか行かれませんが、今年は義兄森岡武の納骨式に参加したいと思っています。

六、藤沢伝道開始と眼科医院開業

藤沢市に教会を始めたのは1994年からです。その3月に私は横浜南共済病院を定年退職し、4月から病院の前で森眼科医院を開業しました。勿論院長の許可も得ましたが、その後、病院退職医師が病院通りに次々と開業しました。私はその先駆者となりました。文庫教会の皆さまには多くの方々に来院して頂いています。今年で13年目です。しかし藤沢の教会は6年で閉鎖しました。

七、新会堂の夢

山手教会に新しい牧師を迎える新時代に、牧師館の建設、会堂のリニューアルを進めたいと思っています。山手はプロテスタント発祥の地です。クリスマスには西洋館巡りや、コンサートがあり、異国情緒豊かな土地です。教会も種類の違う教派のがいくつも有ります。この山手教会も歴史に連なる教会堂を残したいと思っています。

「私は一つのことを主に願った。
私はそれを求めている。
私のいのちの日の限り、主の家に住むことを。

主の麗しさを仰ぎ見、
その宮で、思いにふける、そのために。」（詩篇27篇4節）
（横浜山手キリスト教会創立五十周年記念誌所収）２００６年6月11日

「受け入れる」―救いの証し―

21歳、大学生の時、友人の一人が熱心にさそってくれたために、クリスチャンの夏のキャンプに参加し、キャンプの五日目、イエス・キリストを自分の救い主と信じてクリスチャンとなった。キャンプから帰ってから、教会につながるようになり、その年のクリスマスに洗礼を受けた。キャンプに行く前は、家族にもクリスチャンはおらず、友人にさそわれるまでは、一度も教会の門をくぐったこともなく、聖書も読んだことがなかった。そういう自分が初めて参加したキャンプで、生まれて初めて、神に祈るということをし、キャンプから帰るときには神を信じる者となっていた、というのは、自分でも予想していなかったことで、驚きと感激の体験だった。友人はそうなることを期待し、祈っていてくれたに違いないが、すべては神のなさったこととして、感謝している。

自分がキリストを信じ、神を信じた、のであったが、自分をその決心に導いてくれた牧師は、その直後に「森君がイエスを受け入れた（He accepted）」と、アメリカ人の宣教師だったかに、英語で紹介してくれるのを聞いて、その一言が耳に残った。〝accept〟―そうだ、自分のしたことは「受け入れる」ことだったのだと、わかった。私はこの「受け入れる」ということばが、そのとき以来好きになった。ヨハネの福音書1章12節に「しかし、この方を受け入れた人々、すなわち、その名を信じた人々には、神の子どもとされる特権をお与えになった」とある。私はそのときすべてがわかったのでもないし、信じたといってもその信仰は小さな信仰でしかなかった。しかし、私はたしかに「この方を受け入れた」のだった。そしてその私に「神の子どもとなる特権が与えられた」ことは間違いない。そのとき私は神の子どもとして新しく生まれ、それから60年、いろいろなことがあったが、終始神の子どもとして生きて来れたことを、感謝している。イエスを受け入れて私は神の子どもとされた。実はそれも、神がイエスにあって私を受け入れてくださったからにほかならない、と今は素直な気持ちで言うことができる。

この地上で、神の子どもとして生きるというのはどういうことか、と改めて考える。答はローマ人への手紙15章7節にあるとおりで、単純そのものである。「こういうわけですから、キリストが神の栄光のために、私たちを受け入れてくださったように、あなたがたも互いに受け入れなさい」。毎朝イエスの「主の祈り」を自分の祈りとして祈っている。特に「私たちの負いめをお赦しください。私たちも、私たちに負いめのある人たちを赦しました」と祈るとき、主が私たちを受け入れてくださったように、すべての人を受け入れることを教えられている。

２０１３年9月25日

「わたしについて来なさい」―召命の証し―

「どうして牧師になったのですか」と問われることがある。キリストを信じ、救われた感激が大きかったから、というのが一つの答。キリストがガリラヤの漁師ペテロを見つけて「わたしについて来なさい」と声をかけられた箇所を読んで、自分にも同じようにお声がかかったと思ったから、というのがもう一つの答。いずれにせよ、単純な理由であり、単純な動機だったと言える。ペテロへの召命のおことばには、続きがあった。「あなたがたを、人間をとる漁師にしてあげよう」。ペテロも単純な人だったようだから、このご命令とお約束のことばに、支えられて最後まで主について行くことができたのにちがいない。私も単純な人間なので、このおことばをたよりに、ここまで主について来れたのだと思っている。

私が日本ではいわゆる有名大学で学んでいた時のことなので、私がこの道を選んで、卒業後神学校に進んだことを聞いて、「もったいない」と言ってくれる人もいた。つまり、そうでなければいくらでも社会で良い地位や高収入を得ることができただろうに、というわけである。ところが、私にはそういう迷いや悔いはまったくなかった。人生をどう生きて行ってよいのかわからずにいた私を、主イエスが拾ってくださった、と思っていたからである。今でもそう思っている。就職難の時代で心配している若い人たちに、ここに道があるよ、と声を大きくして言いたい。「人間をとる漁師に」と主は言ってくださったけれど、自分としては自慢できるような漁師になったとは思っていない。だが、人間をとる漁師のはしくれとなれただけでも、大きな幸せである。

46年間、日本は横浜の一つの教会の牧師として働かせていただき、6年前74歳で引退したので、今は引退牧師の一人だが、同時に巡回牧師として、日本国内や国外の日本人教会を応援する奉仕を元気に続けている。一教会の牧師を退いてから海外に出る機会も多くなった関係もあって、世界と日本の教会を今までより広い視野で見ることができるようになった。その頃から、世界の、そして特に日本の教会の上に、リバイバルを祈るようになった。どういう伝道法でどうやったらそれが来るかというのではなく、神ご自身の圧倒的で大きなリバイバルが、今の時代に天から臨むことを願うようになった。英国で大きく用いられたマルティン・ロイド・ジョンズ博士の著書『リバイバル』にも大いに啓発された。聖書的な、歴史に残るリバイバルを、神はこの時代を顧みて起こしてくださると信じるし、期待もして祈っている。このたび、1965年以来の天来のリバイバルの恵みに浴したインドネシアの地を、さそわれて旅することとなり、大きな励ましを受けつつある。

2013年9月25日

ゆるいキリスト教の再発見

「ゆるいキリスト教」の発想は、来住英俊神父著『キリスト教は役に立つか』(新潮選書2017年刊)から得られた。この視点からキリスト教を見直し、福音を捉え直すことの必要を迫られた。キリスト教は、我々が従来把握しているものよりも「ゆるい」ものだったのではないか、というのが今回の問題提起である。以下思いつくままに、典型的なゆるいキリスト教の担い手たちを選んで紹介する。

(1)アブラハム　異教世界の真っ只中に生まれながら75歳にして神に呼び出される。エジプトでも窮余の策とはいえ不審な振舞い。それでも神の祝福の約束は不変。

(2)ヤコブ　神の祝福を願いながらも父をだまし兄を出し抜いて母の郷里へ逃走。我の強い人物。しかし神はこのヤコブを訓練しイスラエル全部族の祖とされる。

(3)サムソン　無類の力持ち、だが女性には弱い。神の民のために輝かしい勝利を収めるとともに大失敗と敗北も経験。しかし最後には命と死を捧げて神の栄光を現す。

(4)ダビデ　一介の羊飼いの少年が主に選ばれて王となりイスラエル王国を築く。姦淫の罪を犯すも悔い改め、キリストの先祖となるも王国はやがて分裂する。

(5)ソロモン　ダビデの跡を継ぎ、王宮と神殿を建て、王国は栄華を極める。神の知恵に富む一方で多くの妻とそばめを持ち、人生の空しさから学ぶことになる。

(6)ヨナ　預言者として敵国での宣教を命じられながら、背いて海にまで逃走を図る。主はこのヨナを追い求めて再び都ニネベに派遣。主の大きさを学ばされる。

(7)サマリヤの女　ヨハネは過去のあるこの女性を詳しく描写。イエスと出会って自らを隠すのをやめ、イエスを人々に宣べ伝える最初の証人とまで変えられる。

(8)トマス　イエスの復活を信じられなかったこの弟子が、現れて下さった主からの「信じる者になりなさい」の一言により、東への宣教者として用いられる。

(9)チンギス・ハン　誤解され続けて来たこの人物が実は「国境なし、差別なし」の聖書的世界観の持ち主であった。ネストリアンの宣教はモンゴルにも届いた。

(10)ザビエル　日本人を真に理解し敬意を込めて愛した宣教師。本人にも意外な出発だったが、その働きは受け入れられ、その影響は日本全土に及んでいる。（＊）

(11)細川ガラシャ　明智光秀の娘として生れ細川忠興に嫁ぎ、不遇の中でいち早くキリシタンとなり、信仰を貫く。天国にある神の恵み（ガラシャ）を望んで。（＊）

(12)モーツアルト　奔放な生き方に終始しながら神からの自由と天来の美しい音楽を残した天才。カール・バルトが天国で真先に会いたいと言ったことも有名。

(13)八木重吉　29歳で夭折した真摯な求道者。21歳で受洗するも教会の生ぬるさに挫折、だが死を目前に「イエス様！」と大声で叫んだ。牧師とも和解。（＊）

(14)三浦綾子　日本の敗戦に絶望して教師を辞職と同時に発病。闘病生活の中で三浦光世と結婚。主婦作家として登場。１９９９年の死後も作品が読まれ続ける。（＊）

『ゆるいキリスト教の再発見』関連聖句・参考文献

(1)創世記12章1節「主はアブラムに言われた。『あなたは、あなたの土地、あなたの親族、あなたの父を離れて、わたしが示す地へ行きなさい。そうすれば、わたしはあなたを大いなる国民とし、あなたを祝福し、あなたの名を大いなるものとする。あなたは祝福となりなさい。』」

(2)ヘブル人への手紙11章21節「信仰によって、ヤコブは死ぬときに、ヨセフの息子たちをそれぞれ祝福し、また自分の杖の上に寄りかかって礼拝しました。」

(3)士師記16章28・30節「サムソンは主を呼び求めて言った。『神、主よ、どうか私を心に留めてください。ああ神よ、どうか、もう一度だけ私を強めてください。…。』…サムソンが死ぬときに殺した者は、彼が生きている間に殺した者よりも多かった。」

(4)詩篇32篇5節「私は自分の罪をあなたに知らせ／自分の咎を隠しませんでした。／私は言いました。／『私の背きを主に告白しよう』と。／するとあなたは私の罪のとがめを／赦してくださいました。」

(5)伝道者の書9章7節「さあ、あなたのパンを楽しんで食べ、／陽気にあなたのぶどう酒を飲め。／神はすでに、あなたのわざを喜んでおられる。」

(6)マタイの福音書12章40～41節「ヨナが三日三晩、大魚の腹の中にいたように、人の子も三日三晩、地の中にいるからです。ニネベの人々が、さばきのときにこの時代の人々とともに立って、この時代の人々を罪ありとします。ニネベの人々はヨナの説教で悔い改めたからです。」

(7)ヨハネの福音書4章17、28～29節「彼女は答えた。『私には夫がいません。』イエスは言われた。『自分には夫がいない、と言ったのは、そのとおりです。あなたには夫が五人いましたが、今一緒にいるのは夫ではないのですから。あなたは本当のことを言いました。』」「彼女は、自分の水がめを置いたまま町へ行き、人々に言った。『来て、見てください。私がしたことを、すべて私に話した人がいます。もしかすると、この方がキリストなのでしょうか。』」

(8)ヨハネの福音書20章27節「それから、トマスに言われた。『あなたの指をここに当てて、わたしの手を見なさい。手を伸ばして、わたしの脇腹に入れなさい。信じない者ではなく、信じる者になりなさい。』」

結論　ローマ人への手紙15章7節　「ですから、神の栄光のために、キリストがあなたがたを受け入れてくださったように、あなたがたも互いに受け入れ合いなさい。」

熊田和子『天晴れ！ぶれなかった人たち』（いのちのことば社2016年刊）（＊）参照

ジョン・M・L・ヤング『徒歩で中国へ』（イーグレープ2010年刊）

堺屋太一『世界を創った男チンギス・ハン』三巻（日経ビジネス人文庫2011年刊）

（日本長老教会夏期修養会分科会）2018年8月1日

ライフワーク「東への宣教の歴史」

2007年に教会の牧師を引退する少し前から、私の心を一つの関心が占領するようになりました。東への（東回りの）キリスト教宣教の歴史です。結論的な文章とは言えませんが、せめてその関心の歴史をここにまとめて報告してみたいと思います。

(1) 背景

日本での宣教（日本人に福音を伝えること）の難しさに直面し、疑問を抱くようになりました。日本人はなぜ単純に福音を受け入れようとしないのか。キリスト教は良い宗教とは思うが信じることは遠慮する、といった反応はなぜなのか。こういう反応を、ふしぎに思うようになりました。日本宣教の歴史を新しく見直し、日本人は実はキリスト教を受け入れることのできない国民ではなかったし、福音を今も待ち望んでいる国民であることを再認識し、希望を持ちたいと思ったのです。

(2) 景教歴史研究会

ケン・ジョセフSr.&Jr.著『隠された十字架の国・日本』（2000年・徳間書店）との出会いが、窓を開けてくれました。著者は戦後日本への宣教を志し、渡航する船中で出会った東ケ崎菊松氏（ジャパンタイムズ社主）に、日本にはザビエル以前にキリスト教宣教が来ているからよく調べるようにと言われたことから、やがて景教徒の宣教の事実に目覚め、研究の成果をまとめてこの本を世に出しました。一読して感銘を受け、著者との交わりが始まり、やがて「景教歴史研究会」なる勉強会を立ち上げました。会そのものは存続していませんが仲間との交流は継続し、その時期に学び得たことと発見は、研究の意欲をかき立て続けてくれています。ケニー・ジョセフ師の名誉のために言いたいことは、同師が日本を愛して労した働きと貢献が偏見によって十分評価されていない事実です。1959年に「日本宣教百周年記念」を祝った時に十六世紀に始まったカトリック宣教やそれよりはるかに遡る時代の宣教への歴史が欠落していた自分を今は反省していると、「宣教百五十年」を迎えたときに言われたことも忘れられません。

(3) 高野山を訪ねる

弘法大師空海が9世紀初めに唐に渡り都長安で景教に接したことも知りました。彼が帰国後真言宗の祖となって開いた高野山の奥の院には「大秦景教流行中国碑」なる石碑のコピーが建っています。私は、最初に牧師仲間と、次に関東学院大学の研究グループとも訪ねて来ました。オックスフォード大学で比較宗教学を学んだ英国人学者E・A・ゴードン女史によって1911年に建てられましたが、ここにこの碑が存在するのは、高野山が弘法大師と景教の関係を認めたことを立証するものです。高野山大学の教授の口からも両者の関係を聞くことができました。

(4) 古都西安への旅

関東学院大学が西安交通大学と提携交流関係を結ぶ機会に便乗して、西安市内の「碑林」を訪ねる機会にも恵まれました。そこには「大秦景教流行中国碑」のオリジナルが大事に保管されています。635年長安に入った景教徒は当時の太宗皇帝から布教の公認を得、それを感謝する言葉と共にキリスト教の中心的教理を中国語とシリア語で刻んだ石碑を781年に建立しました。中国に到着した景教徒（ネストリアン）は自分たちを「光明の宗教」と名乗り、それが「景教」と呼ばれたのです。804年に長安に入った空海は自分の住居近くに建っていた景教寺院に足を運んだことが知られています。彼がそこで大きな影響を受けたことは十分考えられます。

(5)シルクロードの終点・奈良

古来西方のすぐれた文化・文明は主として陸路中国大陸を通過してこの日本の国に、特にシルクロードの終点として知られる奈良にも届いていました。正倉院は聖武天皇がその卓見によって選んだ宝物を長く保存すべく建てた倉庫です。聖武天皇の后、光明皇后（701〜760）は景教の影響を大きく受けた人でした。8歳の息子が血友病で死のうとしていたとき、高名な医師・宣教師アロペン（アブラハム）は聖書を開き、イエスのいやしの記事（マタイの福音書8章）を読んで祈り、息子はいやされたことが知られています。悲田院、施薬院、療病院を建てるなど救済事業に励み、「日本のマザーテレサ」と呼ばれています。「光明皇后」は没後に贈られた尊称です。想像をはるかに超えて古い昔に、シルクロードに乗ってキリスト教徒たちがこの国に福音をも届けていたことがわかって来ました。

(6)モンゴル・ツアー

2016年8月、アンテオケ宣教会からの宣教師を訪ねる8日間のツアーでモンゴルに入国しました。「景教歴史研究会」以来の仲間3名も参加、13世紀ユーラシア大陸の支配者チンギス・ハンへの関心を秘めての旅でした。現地の教会で依頼された礼拝説教では、牧者ダビデを語りました。チンギスも草原のリーダーです。残忍な独裁者のように偏見をもって見られがちですが、実は差別を知らない、驚くほどキリスト教的な世界観の持ち主でした。彼の母親と彼自身の三女がクリスチャンであったことも知られています。チンギスのいまだに確認出来ない墓の発掘のために来ていた新潟大学白石典之教授に現地で出会うという幸運に恵まれました。すかさず質問。「チンギスの13世紀、モンゴルにもネストリアンは来ていたでしょうか？」。教授の即答。「もちろん。いや、10～11世紀には来ていましたよ」。

⑺ジョン・M・L・ヤング博士の名著

長老教会の大先輩ヤング博士の著作に出会うことが出来たのも幸いでした。自身中国大陸の宣教師であった博士の『徒歩で中国へ』は、ご自分の宣教記録でなく、使徒トマスに始まった東への宣教の歴史を記したたぐい稀なる名著です。もう一つ『仏教における大変革』は没後20年にして2015年に邦訳出版されたすぐれた論文です（子息・スティーブ・T・ヤングとの共著『真理に自由がある』所収）。トマスによって福音が宣教されたインドで仏教が大きな影響を受け、大変革した事実が語られています。日本にまで届いた大乗仏教が、実はキリスト教によって影響を受け、変革させられたものであることを新しく学ばされます。

2020年9月27日

付録　コラム集

私のかたち

「あなたがたのうちにキリストが形造られるまで、私はあなたがたのために産みの苦しみをしています」。これは聖書の一節である。聖書を読んでいると、時折、想定外の、ハッとするような表現に出会う▲「産みの苦しみ」もその一つかもしれないが、それ以上にユニークなのは「あなたがたのうちにキリストが形造られる」という言い方のほうである。これを書いたのは使徒パウロであり、その『ガラテヤ人への手紙』は、小アジアの異邦人の地に生まれた、もっと言えばパウロの伝道活動の結果として誕生した教会の信徒たちに書き送られた。パウロはここで、人がキリスト者になるのは新しい誕生であり、そのために自分は今まで労苦して来た、これからも一人一人が成長してその人のうちにキリストの人格が形成され、キリストのかたちが見られるようになるために、何度でも産みの苦しみすることをいとわない、という思いを皆にわかって貰いたかったにちがいない▲考えてみるとこういう思いは、世のすぐれた指導者たちのうちにも生じるものなのではないか。大相撲初場所は「幕尻」徳勝龍の優勝で千秋楽が大いに盛り上がった。とりわけこの力士のインタビューは、ユーモアを交えて、観る者、聞く者の感動を呼ぶものであった▲聴き手に促されて、場所中に急逝した大学時代の相撲部監督のことに話が及ぶと、彼は涙ながらに「監督が見ていてくれたんじゃなくて、一緒に土俵にいて戦ってくれたんだと思います」と語った。監督がこれを聴いていたとしたら胸を熱くして「監督冥利に尽きます」と言ったのではなかろうか。もしかすると、その心のうちをさらに推測するなら、「いや、俺じゃない。俺にも恩師が居たんだよ。恩師がいつも俺のうちにいて相撲を取ってくれてたんだよ」と言いたかったのかもしれない。一人の人格あるいはその人自身が、産みの苦しみを経て次の世代の一人に乗り移るようにして「形造られる」ということがあるようだ▲自分のことでも、苦労をかけたのに忘れてしまうことの多い父親や母親に、自分がよく似てきていると、ふと思うときがある。顔や姿のかたちだけではない、おかしな言い方だが、「見えないかたち」が似てきたのだ。人生の「出会い」を経験した相手にもいつのまにか似てきたと思えるのは、しあわせなのかもしれない。自分がそう思うだけでなく、周りからもそう見て貰えたらなお嬉しい。人は見られるための存在なのだから。

2020年1月30日

最近のニュースから

去年から今年にかけても多くの著名人たちの訃報に接することになったが、元プロ野球監督の野村克也氏の死去（二月十一日、八四歳）は、プロ野球関係者やファンである人たちだけでなく、多くの人々の関心を集める最近の大きなニュースとなった。氏が文字通り著名の人であっただけでなく、ある新聞記者の表現を借りると「その人間くささが魅力の人だった」からではないだろうか▲そのことは、とくにサッチーこと沙知代夫人との関係において納得できる。たとえば、夫人への思い出を綴った『ありがとうを言えなくて』という氏の著書には、その題名からして多くの男性たちの心に共感を呼ぶものがあるが、「人間はやっかいな存在だよな。サッチーがいなくなって初めて、ありがたさが分かった。生きている時は気づかなかったね」という氏の正直な告白がある。思い出す人も多いと思うが、沙知代夫人の「学歴詐称事件」というのもあった。世の道徳主義者たち、真面目な野次馬（?）たちには、マスコミに乗せられてこれをしきりに問題視したが、夫である野村さんは「ウソも愛だよ」と言って、夫人を責めようとはしなかった。これはノムさん（こう呼ばれていたことを思い出した）の愛でもあった▲「人間というやっかいな存在」は、何がほんとうに大切なのかを忘れやすい。いや、気づいていない。ノムさんはそれを人生の終わりに気づいた。それもサッチーさんのお陰で。こう言い切って人生を終えたノムさんには魅力がある。おこがましい言い方だが、こういう人生の先輩を持ち得たことに喜びを覚える▲サムソンという勇士が旧約聖書に登場する。「怪力サムソン」として知られるが、誰からも聖書を代表する人物として尊敬されているわけではない。『サムソンとデリラ』という題のハリウッド映画にもなったが、英雄的な活躍だけが描かれているのではない。サムソンには女性に対する弱点があり、事実、彼の愛したデリラに裏切られてイスラエルの敵ペリシテ人にその力の秘密を知られ、囚われの身となり、両眼を抉り取られてしまう。だがサムソンの物語はそこで終わらなかった。最期のときに彼は立ち返って神に祈り、再び力を授けられて多くの敵を倒した。聖書は彼を信仰の勇士として評価している▲生涯の結末においてこそ、人の評価は定まるのではないだろうか。死を迎えたノムさんは、その数々の記録や栄誉にもまさるふしぎな感動を人々に残した。誰にも手の届くような「人間くさい」生き方そのものによって。

2020年2月27日

失ったもの、得たもの

「私は裸で母の胎から出て来た。また裸でかしこに帰ろう。主は与え、主は取られる。主の御名はほむべきかな。」これは旧約聖書ヨブ記の第一章の終わりに出てくるヨブのことばである▲ヨブほどの正しい人間はいなかったとの書き出しでヨブ記は始まる。「この人は誠実で直ぐな心を持ち、神を恐れて悪から遠ざかっていた」(一章一節)。神の祝福の象徴とも言える家族にも財産にも恵まれたヨブは幸せな日々を送っていた。ところが突如、空前絶後の災難がこの人に臨む。天から火が下り、思わぬ外敵に襲われるなどして、家畜や従僕たちを奪われ、また失う。その上大風による家の倒壊で七人の息子と三人の娘、すなわち子供達の全員が即死、それればかりかついにはヨブ本人の健康まで失われるに至った。足の裏から頭の頂きまで、悪性の腫瘍に全身を侵され、地上を転げ回る有様であった▲そのような目に遭っても恨み言の一つも彼の口からは出ることなく、かえって冒頭のような主なる神への賛美が、魂の底から突いて出たのである。以下最終章の大団円ともいうべき四十二章に至るまで、彼を慰め励まそうとしてやってきた友人たちとの論争が繰返される。彼らには因果応報の考え方を超えることが出来ないのである▲ヨブ記は、わが国でも夏目漱石がこれを愛読して「世界最高の文学」と呼んだことでも知られているが、この書は古今東西の多くの人の共感と関心を集めてきた。一八世紀から一九世紀を生きた英国の詩人にして画家ウイリアム・ブレイクはヨブの受難の生涯を二十八枚もの版画で表現した。なぜヨブ記がかくも人の心を捉えるのか。それは「苦難と忍耐」のテーマが人類永遠のテーマであるからにちがいない▲ヨブがその人生体験の中で失ったものと得たものはいったい何だったのだろう。彼が試練の中で失った良きものは、苦闘の末に神から再び新しく与えられた良きものとして、ヨブの手の中に返される。そこで得たものはかつてヨブのものであったものより数段まさっていた▲神がおられる限り、人生には決定的な悲劇はなく、悲劇に終るかと見える生涯にも、終局においては祝福された結末が用意されている―そのことをヨブ記は劇的な形で暗示しているのではないか。ヨブは、苦難と忍耐の末に失ったものを再び得た証人なのではないだろうか。　2020年6月18日

自由題

かつて毎日新聞の企画で「毎日文章教室」という多くの参加者を集めていた講座があった。その聴講生の一人として、私には忘れられない思い出がある。それがいつのことだったのか思い出そうとしてもなかなか叶わなかったが、最近になって毎日新聞の方が骨折って調べてくれた結果、一九七三年だったとわかった▲それほど昔のことに私がこだわったのにはわけがある。その講座で一つ大事なことを学んだからである。講師は大新聞のベテラン記者で、毎回の話は実に興味深いものであった。その年の秋のクラスが十何回か続いた中盤頃だ。これはこのクラスの目玉のような企画だが、有名作家の一人を招いて講演を聴く機会があった。参加者から希望を募った結果、選ばれたのは当時の売れっ子人気作家H・I氏（以下I氏）であった。私は当時彼の愛読者だっ

たから、この人選を殊の外喜んだ▲その時期、I氏は「休筆宣言」というとんでもないことをやっていた。人気の絶頂期にである。だからそのことは大きな話題となっていた。にもかかわらずI氏は講演依頼に喜んで応じ、我々の前に姿を現した。そして講演の中で、自分が今休筆していること、またなぜそうしたのかを語ったのである。彼のような売れっ子作家だから、そんな呑気なあるいは大胆なことができるのだ、という皮肉な解釈もあった。だが、実は彼は真剣だった。「執筆に行き詰まった」と語った。「作家は自らの内側から燃え上がるものがないと書けない。いや、書いてはいけないと思っている」とも▲この作家I氏の正直な告白としてこれを聴き、感銘を受けた。彼の心情が初めて理解できたように思ったからだ。しばらくの休筆期間を経て、彼は執筆を再開した。作家であれだれであれ、仕事に行き詰まるということはありうる。それゆえ、この作家の心情の吐露は私にとっても忘れられないものとなったのである▲講演を聞いて三十四年後二〇〇七年に引退するまで、私はキリスト教会の牧師をしていた。引退後も諸教会を応援してきたので、牧師人生は六十年になる。その五分の一、まだ四十歳という駆出し牧師の時代にこの話を聴いたことになる。そのことに改めて感謝したい。行き詰まることはいくらでもあるが、少なくともその時以来、天から聴いたメッセージが、自分の内に燃えるのを待って行動する、語ったり書いたりする、そのためには必要なら時間もかける、というのが私のテーマとなって今日に至っている。

2020年7月30日

コロナの時代を生きる

『コロナ後の世界』（大野和基編・文春新書）という新刊を読んだ。「新型コロナウイルスが国境を越えて蔓延する中、現代最高峰の知性六人に緊急インタビュー。世界と日本の行く末について問うた」という内容である。一読して、世界を代表する知識人たちに自在に語らせてくれた編者の貢献にまず感謝した▲編者は「あとがき」の中でこうまとめている。「この新型コロナウイルスの流行拡大において、あえてポジティブな側面を見出すとしたら何か？それは、私たちに深く考えるきっかけを与えてくれたこと。六人がすべてそう答えたことが印象的でした。（中略）多くの人にとって、今回のパンデミックが人生をありとあらゆる面から捉え直す機会になったことは間違いありません」。「ポジティブな側面」ということばに注目させられた▲毎日々々テレビや新聞の報道に接しているだけだと、知らぬ間にネガティブな側面ばかりに心が占領されてしまう。政治家達の対応やマスコミの報道に問題を感じたり批判したりして、いつのまにかまるで批評家のようになってしまう。毎日の感染者数に一喜一憂したり、氾濫する情報にふりまわされたりしやすい自分をも発見する。コロナの事態が「向こうから」やって来た想定外の出来事であることは事実であっても、一個の人間として主体的に受けとめる明快な姿勢が必要なのにちがいない。コロナそのものよりも恐れなければならないのは、私たちが敗北感に陥ることではないだろうか▲インタビューを受けた一人、「人生百年時代」というフレーズの提唱者でもあるロンドン・ビジネスクールのリンダ・グラットン教授の一言に励まされた。「今までにこんな体験をしたことはありませんし、誰も予想しなかったでしょう。それでも新型コロナの蔓延を『この世の終わり』と思ったことはありません。なぜなら、私の母親のことを思い出すからです」。女史の母親は第二次世界大戦を経験した。自宅に爆弾を落とされ、階段の下にいて助かったものの、外に出てみると何もかも吹き飛ばされていたという▲私にも戦争体験があった。帰校途中グラマン戦闘機の機銃掃射に遭って路肩に伏せたこと、高射砲弾の破片が我が家の軒先に落ちたこと、B29の夜間焼夷弾爆撃に市街の半分が焼き尽くされ逃げ走ったこと。それでも中学生の私は意外なほど落ち着いていた▲私たちはきっと今のコロナの経験で強くなれる。そう信じて、ポジティブに生きよう。

2020年8月27日

あとがき

「お父さん、本を出したら？」と娘に言われたのが5年前、その後友人で同じように勧めてくれる牧師もあり、ぼんやりとは考えていましたが、コロナ禍の年に至り俄然出版の話が具体化してきました。引退牧師を自認しつつも結果的に6年半無牧の教会を代理牧師として手伝っていましたが、その責任から解放されたのもきっかけになりました。元来文章を書くのが好きな人間が、思いついて春から「コラムを書いてみよう」という文章教室に通い始めていましたが、その新聞社の関連で自費出版を引き受ける会社があることを知り、米寿を迎える2021年1月を目処に出版することを決めました。

内容はというと、初めはこれだけでもと考えていたのですが、マルコの福音書（全16章）を2年余りかけて説教したときに出席者の方々にその都度配布したB5一枚の「説教要旨」のプリント原稿82回分（前述の代理牧師時代の日本長老教会横須賀ハイランド・キリスト教会でのものです）、これを教会の長老さんの一人がフェイスブックに保存しておいてくれましたので、それに聖書本文をも併記してまとめたものを第一部としました。

第二部は、伝道目的で文字通り自費出版で出し続けてきた「トラクト」のいくつかの文章をそのまま載せました。初めのうちは「ミニトラクト」と称して手のひらに乗るほどのものでしたが、字が小さ過ぎると言われて、途中から葉書サイズの「説教トラクト」として出すようにしました。「新共同訳聖書」を使用したものもあります。なかなか教会に来てもらえない人たち、身近な人たちに読んでほしいと思いながら書きました。そのためには見映えにもこだわり、教会で親しくしていたプロのデザイナーさんの協力を得て表紙や挿絵には有名な聖画を使い、配らせていただいたものです。

第三部には文字通りその他の文章、横浜山手キリスト教会の引退直前とそれ以降のものです。娘の助言もあって、家内の一文までここに含めることになりました。私の小さなライフワーク「東への宣教の歴史」をご紹介した一文も新しく加えました。いずれにせよ、出版の狙いはあくまで聖書の福音を伝えることです。ひとりの牧師の足跡―大した足跡でもありません―を残そうとしたものではありません。願わくは、拙き一人の牧師をも生かし用いて語らせた神の福音そのものが皆さんの心にも届き、結実しますように。なお、毎日文化センター教室でのコラムの文章もいくつか付録として追加しました。

感謝の言葉を、順不同ですが、この本作成に全面的に骨折ってくれた長女黒田与子に、生涯のスポンサーである妻冨喜子に、応援団である家族一人々々に、ハイランド・キリスト教会の楠木紀男長老に、親友石川満牧師をはじめ様々な仕方で励まして下さった方々に、そして出版を実現してくださった百年書房藤田昌平氏に、さらに表紙の写真を特別のご好意で提供してくださった三浦綾子読書会を通じての教友・写真家石井一弘氏に、捧げます。

2021年1月9日　森　和亮

森 和亮（もり・かずすけ）

1933年1月	栃木県宇都宮市　外科医森良介、フキの二男として出生
1951年3月	栃木県立宇都宮高等学校卒業
1952年4月	東京大学理科二類入学
1954年12月	堀ノ内キリスト教会長谷川眞牧師より受洗
1958年4月	東京大学農学部卒業後、聖書神学舎（現聖書宣教会）に進学
1961年4月	聖書神学舎卒業後、日本長老教会・横浜山手キリスト教会牧師就任 田中富喜子と結婚、以後一女四男に恵まれる
1964年4月	按手礼を受ける 共立女子聖書学院、東京キリスト教学園、横浜（女）学院、日本福音同盟、アンテオケ宣教会、同志会などで奉仕
2007年3月	横浜山手キリスト教会退任 以降オーストラリア・パースの日本語教会をはじめ、アンテオケ宣教会関係の諸外国都市（ハンブルク、ウイーン、インドネシア・バリ等）の日本語教会で奉仕
2012年11月	日本長老教会・横須賀ハイランド教会代理牧師就任
2019年3月	同上、退任

著書：『実用聖書注解』共著（ルツ記を担当）
　　『聖書66巻がわかる』共著（伝道者の書を担当）
W・A・モーツアルト愛好家、球団創設（1950年）より広島東洋カープファン、神奈川県横須賀市在住

神《かみ》の福音《ふくいん》　長老教会引退牧師 聖書の旅

2021 年 1 月　発行
2022 年 2 月　2 刷

著　者　森和亮
制　作　毎日文化センター
〒100-0003　東京都千代田区一ツ橋 1-1-1 毎日新聞社 1 階
TEL　03-3213-4768
http://www.mainichi-ks.co.jp/m-culture/
発　行　株式会社百年書房
〒130-0021　東京都墨田区緑 1-13-2 山崎ビル 201
TEL　03-6666-9594
http://100shobo.com

ISBN978-4-907081-97-3